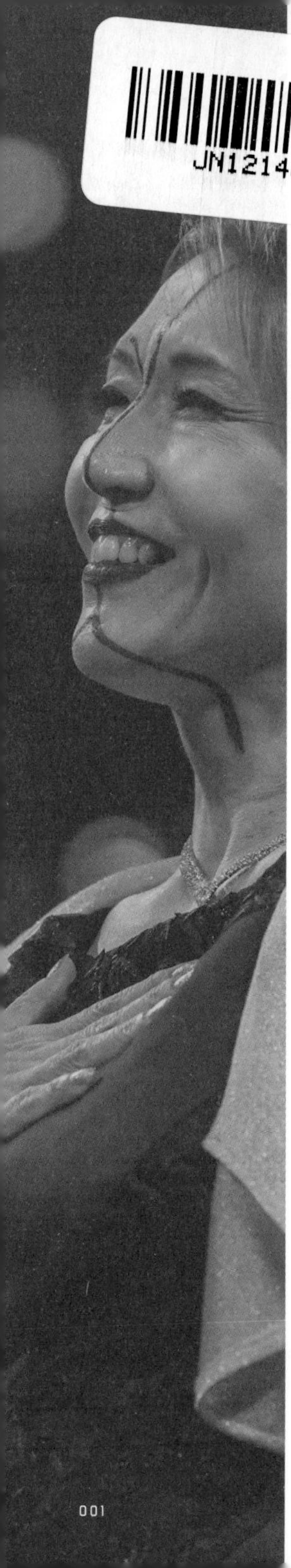

JN121469

MINOGE №149

Cover PHOTO: © WWE

※地獄の連載『TARZAN BY TARZAN』はお休みですよぉ！

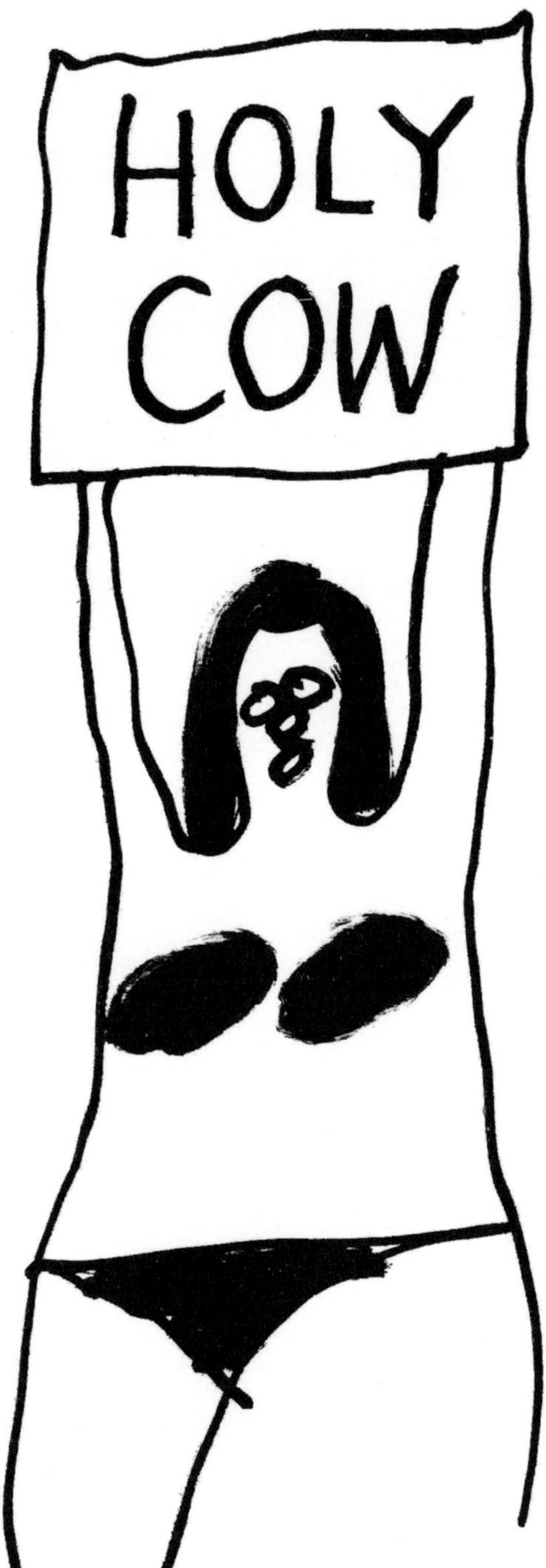
HOLY
COW

PETIT KASHIMA

俺の人生にも、一度くらい幸せなコラムがあってもいい。

KAMINOGE COLUMN

VOL.148

おまえには本当に野心があるのか？

プチ鹿島

プチ鹿島（ぷち・かしま）1970年5月23日生まれ。芸人。『教養としてのアントニオ猪木』（双葉社）好評発売中です。よろしくお願いいたします。

　前号で「プロレスを通るかどうかで人生は差が出るのではないか」と書いた。最近またそれを痛感することがあった。「下村博文」問題である。自民党派閥の裏金問題をめぐって下村博文の立ち振る舞いに考えさせられたのだ。この時点で「なんだよ、そんなの興味ねぇよ」と思う人だらけに違いない。でも丁寧に説明していくので読み続けてほしい。これは紛れもなくプロレス案件なのだから。

　まず政治家・下村博文の特徴をあげる。

「清和会（安倍派）の幹部だった」

「その割には発言がフラフラしてあまり自分の立場をわかってなさそう」

「しかし自己評価はとてつもなく高い」

　いかがでしょうか、ちょっと興味がわいてきませんか？

　大臣時代の話題で言うなら下村氏が「旧統一教会の名称変更当時の文科相」だったことが注目された。教団は１９９７年に名称変更を相談したが却下され、２０１５年になって申請したら認められた。それはなぜ？　同じ年には「新国立競技場の建設費問題」もあった。ここでも下村文科相の右往左往が話題になった。

　そんなガキの使い感が凄い下村先生だが、自己評価が異常に高いのも魅力なのである。

　２０２１年の自民党総裁選に出馬を匂わしたが周囲はまったく盛り上がらなかった。それどころか当時のトップだった菅義偉首相から「出馬を見送るか、政調会長を辞任するか」を迫られたらあっさり出馬断念を決断！　そういえば自民党都連会長時代には都議選で小池百合子新党にコテンパンにやられて辞任したこともあったっけ。

　これほどまでに永田町の〝ケンカ〟に弱い下村先生。２０２１年の日経新聞の「次の首相」世論調査では下村博文の支持率が「0％」であったことから『週刊文春』は「ミスター0％」と書いていた。

　しかし下村氏の野心は衰えない。安倍晋三氏が亡くなったあと派閥のトップの座に

意欲を示したが、その性急な動きが反発を招いていた。一事が万事この調子なのである。

そして今回の裏金問題である。安倍派の「5人衆」がカギだと報道されていた。5人衆とは安倍派のオーナー的存在である森喜朗が、この5人でしばらく派閥を仕切っていけと選んだメンバーだ。下村博文は5人衆に入っていない。森喜朗にめちゃくちゃ嫌われているからだ。

森喜朗は地元の北國新聞（昨年8月7日付）で下村博文をこき下ろしていた。下村が安倍派の会長になりたいと頼みに来たと語っていたのだ。「いままでのご無礼をお許しください」と土下座する下村に対し「君は私に無礼を働いたのか。その自覚があるなら私は絶対に許さない。帰ってくれ」と言ったと森喜朗はご機嫌に語っていた。どちらにも感情移入ができない地獄絵図である。

このあと下村は土下座はしていないと主張し、森に嫌われる理由を、文科相時代に国立競技場の白紙撤回をしたことが要因だと述べていた。森喜朗が招致に力を入れた2019年ラグビー・ワールドカップ（W杯）日本大会に整備が間に合わず「それ以来、森氏に恨まれている」というのだ（共同通信2023年9月12日）。新国立競技場建設は森喜朗の都合だったことが窺える。

さて、森に嫌われて5人衆に入れなかった下村博文だが、長いあいだ安倍派の幹部であったことは変わりない。森喜朗や安倍派の裏金問題のことを知りすぎている可能性がある。ここで思い出してほしいのが「政倫審」だ。真相究明のために国会で開かれたが、出席した安倍派幹部はハーリー・レイスのようにのらりくらりでほぼ何も言わなかった。裏金づくりは森喜朗時代から始まったと報道されていたこともあり、森と自分たちを守るためには当然なのだろう。

そこで注目されたのが下村博文なのである。もし下村が政倫審に出席して〝すべて〟をぶちまけたら？　自分を冷遇してきた森喜朗や5人衆たちについて公の場で洗いざらい告発したら？　まるで映画のような展開である。実際に下村に期待する向きが世論やマスコミにあった。こんなの下村博文史上初だよ！　しかし下村は政倫審では何も言わなかった。ほかの安倍派幹部と同じように。期待外れと呼んだマスコミもあったが、下村博文劇場を見続けてきた私には予想通りだった。

下村博文からすれば何も言わないことで貸しを作ったつもりなのだろうが、プロレスを見てきた身からすれば大チャンスを逃したと思う。リング（公の場）に上がる前はさまざまなしがらみがあったとしても、本当に野心があるならリング上で勝負すればよかったのだ。誰も邪魔ができない場で〝想像以上〟のことをすればよかった。団体（派閥）には干されただろうが観客（国民）からは支持されただろう。おまえには本当に野心があるのか？　あいかわらず先走るのだが先細りだった。そりゃあ、仲間もファンもつかないよ。

私たちは観客に響く機会を逃さずモノにしてきたプロレスラーたちを何人も見てきた。できなかったレスラーたちも。下村博文がもしプロレスを通っていたら人生は変わっていたかもしれない。ここまで小ネタをお読みいただきありがとうございました。

KAZE
The KING

獣神サンダー・ライガー

リビング・レジェンド

鈴木みのる

世界一性格の悪い男

多大な影響を与え合った
ふたりの言葉の抱擁
新日本・昭和最後世代の
熱き凄まじき闘い‼

「常に鈴木はいろんな
新しいものを取り入れて、
ずっと最前線にいるんだから
素直に凄いと思うわ。
こうなったら100歳まで
見届けてやるよ!!」
「鈴木みのるを生み出したのは
獣神サンダー・ライガーですから。
これから俺が何かをしでかしたら、
苦情はすべて
ライガーまでお願いします!!」

収録日：2024年3月28日 撮影：タイコウクニヨシ
写真：山内猛 構成：堀江ガンツ

KAZE
The KING
to the world
NARE
The KING

「初対面は37年前。俺が新弟子の頃にライガーさんが海外遠征からちょっとだけ帰ってきたんですよ」(鈴木)

――鈴木さん、今回の『みのるの部屋』はビッグなゲストですね。

鈴木 身長はスモールだけどね(笑)。

ライガー うるせえ!(笑)。

――というわけで今回は獣神サンダー・ライガーさんに来ていただきました。ライガーさんは鈴木さんのお店『パイルドライバー』に来られるのは初めてですか?

ライガー いや、俺けっこうこの店で買い物してますよ。

鈴木 たまたま1回寄っただけで、さも何回も来ているかのように言うのよくないと思うよ。

ライガー 違う違う、ウチにはパイルドライバーのTシャツいっぱいあるんだから。カミさんが「行ってみたい」って言うから、一緒に来たこともあるしね。

鈴木 ライガーさんの嫁さんとは、俺もずっと仲良しなんで。

――だから鈴木さんがライガーさんの自宅に行くと、我が物顔でいるらしいですね。

ライガー そうよ。家主よりずっと偉そうなんだから。福岡の家でウチのバアさんまで手なづけてるから、コイツ(笑)。

鈴木 それ、昔の話じゃないですか(笑)。

ライガー もの凄い昔の話だけどね。

――おふたりの縁も長いですもんね。

鈴木 初対面は憶えてるよ。37年前。

ライガー そんなに前!?

鈴木 俺が新日本に入門したのは1987年なんで。入ったときにライガーさんは海外遠征に出てたんですけど、俺が新弟子の頃にちょっと帰ってきたんですよ。

――ライガーさんは2度海外武者修行に出てますけど、『サマーナイトフィーバーin国技館』で1度目の凱旋帰国をしたときですよね。両国2連戦でジュニアのトーナメントがあって。

ライガー 初日に髙田(延彦)さんと1回戦でやって負けて、2日目は保永(昇男)さん、ヒロ(斎藤)さんとのタッグだ。憶えてる、憶えてる。その後も日本に数カ月残って、「もう1回行ってこい」って言われてイギリスに行って。そのときは船木(誠勝)も一緒だったんだよな。

鈴木 その数カ月間が濃すぎるんですよ。帰国してすぐ「Y田さんが帰ってきたから」ってことで、後藤達俊さんの家で歓迎会みたいなのをやったんですよ。

ライガー 後藤さんの家で飲んだのは憶えてる。あれは俺の歓迎会だったんだ。

鈴木　それで後藤さんの家にネコさん（ブラックキャット）、俺、松田（納）、飯塚（高史）さんとか道場生みんなで行ったんですよ。

ライガー　等々力駅を越えた坂の途中のコンビニの上にあるアパートね。

鈴木　そこで俺は凄い飲まされたんですよ。当時はまだ新弟子だし、ライガーさんともほぼ初対面だからちょっと緊張してあまりしゃべんなかったら、まわりから「おまえ暗いよ」って言われて。「これは学生時代のノリでぶっ飛んでしまおう」と思ってガーッと飲んで、立ち上がって歌を歌ったりとか、大騒ぎをしたんですよ。それを見たネコさんが「鈴木、もっといい酒があるよ」ってテキーラを出してきて。

ライガー　最悪（笑）。

――クロネコさんはメキシカンですからね（笑）。

鈴木　テキーラのストレートを一気させられて、飲んだあと「よし、ジャンピングスクワット」って間髪入れずにジャンピングスクワットをやらされて。で、トイレに行って吐いたら、「吐いたからもう1杯」って言われて。

ライガー　ひでえ！

鈴木　飲んでスクワットを何セットかやって、ベロベロでわけわからなくなって、いきなりバッと立ち上がって「テメーら、俺がデビューしたら全員ぶっ飛ばしてやるから覚悟しろよ！」って言ったのは憶えてるんですよ。で、それを言った瞬間に隣に座ってたライガーさんがバッと立ち上がって、「テメー、先輩に対して生意気なこと言うな！」ってぶん殴られて。口や鼻から血がダラダラ流れて、手で押さえていた記憶が少しあります（笑）。

ライガー　それ、ホンマ？

鈴木　カーペットに血を垂らしちゃったら、「おまえ、汚すなよ！」って後藤さんに怒られて（笑）。

ライガー　ああ、そうだ！　詳細は憶えてないけど、鈴木が部屋を汚して、それが後藤さんの家だってことは憶えてる。

鈴木　いや、殴ったのはアンタやん（笑）。

ライガー　わかってます！　たしか最初に「生意気なこと言うんじゃねえよ！」みたいな感じで殴って。それで鼻血を出して床を汚したとき、「テメー、先輩の家で！」ってまた殴ったんだと思う。

「だから俺に隠れて本当に悪さをやってたのは船木なんだって！でも人間ってタフだよな！」（ライガー）

――2回もぶっ飛ばしてましたか（笑）。

鈴木　そうしたら今度は気持ち悪くなって、トイレで吐いてたら「トイレを汚すな！」ってまた怒られ。そこまでの記憶

しかない。
ライガー　それで鈴木がぶっ倒れてようが俺らは関係なく、夜中まで飲んでたんだよな。
鈴木　あっ、思い出した！　主犯を忘れてた。
ライガー　誰？
鈴木　船木さんがいた。
――例によっての（笑）。
ライガー　アイツは当時、俺に隠れて悪さをやって、それが全部俺のせいになってるんだけど全部アイツだから！（笑）。
――ふたりのタッグチームでっていう（笑）。
ライガー　違うって！
――プロレス史ではそうなってますよ（笑）。
ライガー　いや、船木があまりにもひどいから「もうやめたほうがいいよ」って言うのが俺なんだよ。
鈴木　話半分くらいで聞いておいてください（笑）。
ライガー　それで「さあ、帰ろう」ってなったときに、血だらけゲロまみれで潰れた鈴木をどうやって連れて帰ろうかって話になって。とりあえず全裸にしたんですよ。
――なぜ全裸（笑）。
ライガー　ゲロまみれで汚いからさ（笑）。それで後藤さんちは3階なのにエレベーターがなかったから、みんなで両手両足を持って、撃たれた熊状態で下まで運んでさ。でも下まで運んでる最中、ずっと頭がゴーン、ゴーンって階段にぶつかっててね（笑）。
鈴木　ほら！　もう会話がおかしいでしょ（笑）。
ライガー　「おいおい、ちゃんと頭を持てよ！」「いや、大丈夫だよ！」みたいな（笑）。
――ただでさえ、ぶん殴られて酔って意識がないのに（笑）。
鈴木　それで階段を降りる途中で疲れたってことで、俺を踊り場かなんかで一度、下に置いたらしいの。このときのことは船木さんが証言してるんだけど、「そうしたらそこにセミの死骸が落ちててさ、鈴木に『これ食ったらデビューできるぞ！　がんばれ！』って言ったら、バリバリッて全部食ったんだよ」って（笑）。
――ひどい！（笑）。
ライガー　だから、そういうのはだいたい船木なんだよ！
鈴木　「気づいたらセミの頭と羽根しかなくてさ」って、それは船木さんもずっと言ってる（笑）。
ライガー　それで道場まで運んできて、船木が「汚いから洗おう」って言い出して、道場の前でホースで水ぶっかけて、そこらへんを掃除するデッキブラシで鈴木をゴシゴシ洗いだしてな（笑）。
鈴木　ガラス用の洗剤とかかけられたんですよね？　全然、記憶にないですけど、あとから聞きました。

——なぜデッキブラシで洗う必要があるんですか（笑）。

ライガー　それが不思議なんだよ。道場まで連れてきたんだから、隣の風呂場でお湯かけてやりゃあいいんだけど。船木が道場の前で水洗いし始めてさ。

——そこでもやっぱり船木さんの仕業ですか（笑）。

ライガー　だから、だいたい船木なんだって！

鈴木　それで朝起きたら、全裸で道場のリングのコーナーに、テーピング用のテープで、手足をぐるぐる巻きに縛って吊るされてたんですよ。

ライガー　コーナーに吊るした記憶はないんだけど（笑）。

鈴木　いや、朝起きたら吊るされてました。それでご丁寧にチンコにテープがグルグル巻きになってたんで、「なんで？」と思ってあとで聞いたら、「いや、ションベンもらしたら困るから」っていう謎の理由で（笑）。

ライガー　くだらねえ（笑）。それにしても、なんで吊るされてたんだろう。俺は寝っ転がせたつもりだったけど、船木か誰かがコーナーに吊るしたんだろうな。

鈴木　もう「ごめんなさい」を言ったほうがいいと思うよ、これは（笑）。

ライガー　いやでも、人間ってタフだよな！

鈴木　いや、そういう問題じゃないよ！（笑）。

「フリーになってからは先輩後輩みたいなものが全部なくなりました。大事なのは生きていくことで、偉そうにすることじゃない」（鈴木）

——でも、鈴木さんもよくそんな目に遭って辞めませんでしたね。

鈴木　いや、そういうのが当たり前だと思ってたんで。「どう仕返ししてやろう」くらいにしか考えてなかった。

ライガー　いまでこそコンプライアンスがどうだこうだってのはあるけど、昔は関係ないもん。

——あの道場に一歩足を踏み入れたら治外法権という（笑）。

ライガー　殴るか酔うかしかないんだもん（笑）。

鈴木　昭和の道場はめちゃくちゃだよ。

——その最後ですもんね（笑）。

ライガー　でも、あの頃はいま考えると凄いメンバーが揃ってたよ。新日本はいまに至るまで、たくさんの人材を輩出していてそれは宝だと思う。「人材は宝」とはよく言ったものよ。

鈴木　俺が新弟子時代の新日本には、プロレスの新しいカタチを作ったＵＷＦの前田（日明）さん、髙田さん、山崎（一夫）さんとかみんないたわけじゃないですか。長州さんたちもいたし、若手として闘魂三銃士もいた。なんか不思議なもんですよ。

——そういう方々がみんな一緒に巡業して、同じ練習をしていたわけですもんね。

鈴木　同じ練習かどうかはまた別として（笑）。

ライガー　アッハッハッハ！

鈴木　俺は裸にされてテーピングで吊るされてただけですけどね（笑）。

——でも当時はそういった理不尽なことを耐えてこそデビューできるみたいな部分もありましたよね。

ライガー　「耐えて」って言うんだけど、みんな楽しんでたから。

鈴木　いやいや、楽しんでんのはアンタだけだよ（笑）。

ライガー　あれ～？（笑）。

鈴木　あの時代の先輩だけ。でも当時合宿所にいた俺以外の人は間違いなく、「嫌だけど我慢しよう……」って感じでしたよ。

ライガー　あなたは？

鈴木　俺ですか？「おまえら、見てろよ。いつかブチ殺してやるからな！」ってしか思ってなかったです。それは全員に対して（笑）。

ライガー　恨みで生きてたんだ（笑）。

——でも鈴木さんは入門して数カ月の新弟子の頃から、速攻でいじられる側ではなく、ライガーさん、船木さん側に合流したんですよね？

ライガー　うまいのよ。状況判断が常にできるのよ。

鈴木　友達じゃないですか（笑）。

ライガー　急に友達って言うな！（笑）。

——鈴木さんとライガーさんって、キャリアが4年違いますもんね。

ライガー　彼は「この状況なら俺はこっちにいたほうが絶対に有利」と思ったらスーッといつのまにか入ってきて、俺たちと一緒にワイワイやってたから。入り込むのが早いのよ。それで松田、飯塚、大矢（剛功）くんとかは割食ってたよ。

鈴木　友達を作るのは早かったですね（笑）。先輩後輩の上下関係で言うと、体育会の学生時代を経験して、そこから1日でも早く入ったら先輩というさらに厳しい昭和の新日道場に入って、そのまま数十年が経つわけですよ。でもフリーのレスラーになってからは、先輩後輩みたいなものが全部なくなりましたね。

ライガー　なんで？

鈴木　嫌になっちゃったんですよ。先輩後輩とかって、何もしていないのに歳上とか先輩というだけで、どんどん下ができて上に繰り上がるシステムじゃないですか。若い頃は、先輩に嫌なことをされても自分が先輩になって、やっていい立場になったら後輩にそういうことをしてしまっていたんですけど。いざフリーになったら、組織のなかでの先輩後輩でもないのに、たとえば会ったこともないのに学生時代の先輩っていうだけで、「おい、鈴木。観に行ってやるからチケット持ってこいよ」って言うヤツがいたり。そういうのがだんだん嫌になって、自分のなかで全部取っ払いましたね。「もうやめよう」と思って。だから自分が先輩面することもなければ、相手が業界の先輩だからっていうだけの理由でその人の言うことを無条件に聞いたりもしなくなりました。

ライガー　プロレス界でもアメリカなんか昔からそうだよね。「いちばん大事なのは自分です」っていう。だからほかの人が何をしようが、自分がやるべきことをやるっていう。

鈴木　だからいまは、凄く近しい間柄以外は「もうめんどくせえから、みんな〝さん付け〟でいいや」って感じです（笑）。大事なのは生きていくことであって、偉そうにすることじゃないんで。ちゃんと人と人の付き合いをして、カネをもらえたほうがいいんで。

「夢や理想があるのはいいけど、鈴木が『理想だけで集まった集団はかならず空中分解する』って言ってたのを憶えてる」（ライガー）

ライガー　そうだね。プロって本来そういうもの。

鈴木　自分も昔、組織のなかにいたときは「カネじゃないんだよ」って言っていたタイプなんですよ。でも、それがいざひとりになって、「お金を稼ぐためにプロレスをやってるんだから、お金がいちばん大事だ」ってことに気づけたのがよかったなって。そうしたら「べつに先輩も後輩も関係ねえな」ってなって。

ライガー　夢とか理想があるのはいいけど、やはり契約書みたいなものがしっかりとあって、真っ当なお金のやり取りができるほうが長持ちする。だから前にも鈴木選手が言ってたのを憶えてるよ。「理想だけで集まった集団はかならず空中分解する」って。それはたぶん彼が学んだことなんだろうね。

――UWFなんかは特に「お金じゃない」っていう世界でしたよね。UWFは大ブームの時代でも、若手の給料は低くて粗末な寮に住んでいたって聞きますし。

鈴木　やっぱり新興団体なので、月1の興行でお客が入ったくらいじゃお金は回らないですよ。変な話、あの当時は猪木さん、坂口（征二）さんがまだ現役でしたけど、新日本ですら相当ヤバかったですからね。

ライガー　会社として?

鈴木　まだ獣神ライガーが生まれる前。Y田さんが海外遠征に出ていた頃の新日本の会場は、どこに行ってもガラガラでしたから。

――当時、鈴木さんの少し上の先輩が次々と引退したのも、要は人員整理だったんですよね。畑（浩和）さんだったりとか。

鈴木　大矢さん、片山さんがクビになったのもそうだし。

ライガー　まあ、あの頃はメガネスーパーがあったから、そっちに流れていくっていう人もいたんじゃない？

鈴木　いや、それはそこから2年以上あとですよ。

ライガー　あっ、そんなになる？

鈴木　メガネスーパーに関しては、俺は渦中の人間なんで（笑）。

ライガー　あっ、そう？　やっぱ声がかかったりしたんだ？

鈴木　UWFに行ったときにメガネスーパーがUWFのスポンサーになって、本当はメガネスーパーはUWF自体を買いたかったらしいんですよ。でも、それができなかったのでSWSができて、UWFが分裂したとき、メガネスーパーの援助で藤原組ができたんです。

ライガー　あっ、それで藤原組に行ったんだ。で、そこで藤原さんと揉めたんだね。

鈴木　昔の話ですよ。

ライガー　でも自分の「我を通す」っていうのは口で言うのは簡単だけど、実際にそれを行動に起こすのは大変だったと思うよ。鈴木の話を聞いてると「そんなこともやったの？」「そんな目に遭ったの？」っていうことがいっぱいあるもん。

鈴木　我を通していたのはUWF、藤原組、パンクラスのあいだだけですよ。そこでいろんな経験をして、２００２年にライガーと試合して、２００３年にフリーとしてプロレスに戻ってきてからは、生きていくことに必死ですよ。日銭をどう稼いでいくか。それはいまもですけど。

ライガー　いや～、鈴木はずいぶん稼いでるでしょう！

鈴木　おかげさまで、世界中のいろんな団体から声をかけてもらって稼いではいますけど、なんの補償もないんで。フリーになってから20年以上経つけど、そのあいだ、どこの団体からも「専属契約しませんか？」って言われたことは一度もないという（笑）。

ライガー　それは鈴木の生き方がそうだからだよ。

鈴木　たぶん、俺を抱えたらめんどくさいっていうことがわかってるんじゃないですか（笑）。

ライガー　めんどくさいっていうか、抱えきれないみたいな思いがあるんじゃないの？

――抱えるには、かなりのお金がかかるというのもあるんじゃないですかね。

鈴木　でも、このあいだオカダ・カズチカがAEWと3年20億で契約みたいな報道があったけど、俺なんか同じAEWから「明日、ニューヨークに来られるか？　来られるならこれだけのギャラを用意する」って電話がかかってきて、スケジュールさえ問題なければ「OK！　行きます」って緊急オファーにも対応する使い勝手のいいフリーレスラーだから（笑）。

ライガー　でも、そこが鈴木のたくましさだよ。交渉ごとも自分でやってるんでしょ？

鈴木　やってますね。「仕事の依頼はこちらまで」ってメールアドレスを公開して、いろんな国からのオファーもグーグル翻訳を活用しながら自分で返信してますから。ライガーみたいに平々凡々、のうのうと生きてないんで（笑）。

ライガー　「のうのうと」って言うな！　でも言われてみればそうなんだよ。俺、自分のギャラがいくらとか、そういうのいっさい知らないもん。「ここに行って」って言われたところに行って仕事して、あとで通帳を見て「あっ、入ってる」っていう、そういうレベルだからね。

鈴木　俺はギャラ交渉するとき、ちゃんと「これ、税込ですか？　税別ですか？」って確認しますから（笑）。

ライガー　それって大事らしいね。鈴木はそれも全部自分でやってるんでしょ？　俺なんか新日本がやってくれるから、もう任せっきりだよ。

「UWFに移籍した直後、東京ドームで獣神ライガーがデビューするっていうから船木さんと一緒に観に行った」（鈴木）

――でもライガーさんの場合、新日本に所属して80年代末から20年近くジュニアの顔であり続けたのは、相当凄いですよ。

ライガー　いやいや、これは正直な話、俺の力ってわけじゃなくてまわりにいいレスラーがいっぱいいたの。ペガサス・キッド（クリス・ベノワ）、ブラックタイガー（エディ・ゲレロ）、フィンレーのおやっさん（デイブ・フィンレー）とか。

鈴木　日本人もいっぱいいましたからね。

ライガー　エル・サムライがいて、大谷（晋二郎）、金本（浩二）、高岩（竜一）っていうのもいて。他団体にも（ザ・グレート・）サスケ選手やウルティモ・ドラゴン選手とか、とにかくいい選手がたくさんいたんで。

鈴木　いい選手というだけじゃなく、キャラクターが揃っていたんだと思います。UWFも一緒なんですよ。UWFがブームになったのは、あのルールやスタイルがウケたというより、前田日明、髙田延彦、山崎一夫というトップ3がいて。その上に藤原喜明がいて、若い船木誠勝が出てきて、いちばん下のぺーぺーには若い鈴木みのるや中野龍雄がいた。そういう人間模様がおもしろかったから、あれだけのブームに

なった。

ライガー　いや、凄いメンバーだよ。

鈴木　そのなかでも、やっぱり前田日明という象徴となる存在がいたことがいちばん大きくて。あの時代のジュニアにおけるライガーも、UWFブームにおける前田さんと同じ立場だったんじゃないですかね。

――ムーブメントの〝主役〟となる存在ですよね。

鈴木　あとは、そういう存在はビジュアルが凄く大事。獣神サンダー・ライガーは、ビジュアルが完全に〝プロレス〟なんですよ。いい身体したおっさんじゃないんです。

――しかも、ライガーさんは〝サンダー・ライガー〟になって、ビジュアルが格段にカッコよく完成されたのも長持ちした秘訣かなと。最初のツノがない〝獣神ライガー〟じゃ、正直そこまで人気は出なかったと思います（笑）。

鈴木　俺がUWFに移籍した直後、東京ドームで獣神ライガーがデビューするっていうから、船木さんと一緒に観に行ったの。そうしたらテーマ曲が鳴って、八頭身のリアルな獣神ライガーが花道から登場して、「うぉー、カッコいい！」って思った次の瞬間、うしろからチョコチョコちっちゃいのが走ってきて、「あっちじゃないですか？」「ああ、あっちだわ」って、船木さんとふたりで爆笑した憶えがある（笑）。

——最初はヒーローショーに出てくるような獣神ライガーがポーズを取って、そのあとプロレスラーのライガーが出てきたんですよね（笑）。

鈴木　そう。短い足でチョコチョコチョコ〜って走ってきて（笑）。

ライガー　チョコチョコうるせーわ！（笑）。

鈴木　たしかに最初のあれじゃ人気が出ないですね。

——その後、まずはツノが生えてファイヤー・ライガーになったんですよね。

ライガー　アニメの『獣神ライガー』が第二形態でツノが生えたから、それに合わせて。最後のサンダー・ライガーもそうだから。

——獣神サンダー・ライガーになって一気にカッコよくなったと思います。

ライガー　俺は言われたものを着ているだけなんだけどね。

鈴木　でもライガーのマスクは、プロレスのマスクに革命が起きたってマスコミの人に聞きましたよ。最初、マスクって普通に頭の形だけだったのが、タイガーマスクくらいから耳やヒゲを付けるのが流行り出して、その後、ライガーから世界でツノが生えたマスクマンがいっぱい生まれたって。

ライガー　俺も最初、「ツノつけて試合できるのかな」って思ったもんな。

鈴木　実際、凄く邪魔だからね（笑）。

ライガー　ワッハッハッハ！

鈴木　パンクラスからプロレスに戻って新日本に上がり始めたときにライガーと当たって、「ほら、立てよ！」って立ち上がらせようとした瞬間、ツノが目にトンって刺さって、「痛ってえー！」っていうのがあったんですよ（笑）。

——急に頭を上げられたときに（笑）。

鈴木　すげえ痛いの。本人は攻撃の意思はゼロなのに（笑）。

ライガー　くだらねー（笑）。

「パンクラスで健介戦がなくなったって聞いたとき、俺はなぜか『鈴木、かわいそう……』って思ったんだよな」（ライガー）

——でも鈴木さんがプロレスの世界に戻ってきたのは、パンクラスでのライガーさんとの試合があったからですよね。

鈴木　あのとき、俺の対戦相手がライガーじゃなかったら、間違いなくプロレスには戻っていないと思うんですよ。当初の予定通りに（佐々木）健介と対戦だったら、そこで終わってたと思う。

ライガー　そうなのかな？

鈴木　そんな気がする。あのときは俺が完全に引退するためにやった試合だったんで。それで思い残すことがないように、これまでの自分の経歴を振り返って、最後に闘いたい相手を何人かピックアップして一斉に交渉を始めて。うまく話がまとまったのは、健介だけだったんです。

――でも、それが流れてしまったわけですよね。

鈴木　そうだね。健介とも直接電話で話したんだけど、「やれない」の一点張りで。

――不思議なのは、健介さんがダメになったとき、なぜライガーさんは「じゃあ、俺が」って名乗りを挙げたんですか？

ライガー　あのとき、上井（文彦）さん（新日本プロレス取締役＝当時）とボクでマッチメイクをやっていたんですよ。ボクはジュニア担当で、上井さんが上の試合をやっていて。そのとき、「健介が首を縦に振らない」と。「このままでは新日本にとっていろいろマイナスなことが出てきてしまう」って言われて。

――会社同士の話し合いで決まったマッチメイクだから、健介さんが出なかったら、新日本がドタキャンしたことになるわけですもんね。

鈴木　あのとき、健介戦が正式決定したんでパンクラスは会場を押さえて、ポスターとか印刷物の発注も全部終わってましたからね。

ライガー　そうだったんだ？　俺が上井さんから聞いたのは「やる」っていう約束をしておいて、それに向かって動き出したときに急に覆ったから、「じゃあ、どうするんだ？　新日さん、なんとかしてくださいよ」って話になったって。そりゃ、そうだよね。

鈴木　俺は「健介以外だったらもうやらない」って言ってたんですよ。ほかの誰が来ても、もう意味がないと思ったんで。そうしたら健介よりさらに意味がある人が出てきちゃったから（笑）。

ライガー　ワッハッハッハ！　意味があるかどうかは知らないけど、俺はそのときになぜか「鈴木、かわいそう……」って思ったんだよな。せっかくやろうってことで気持ちが盛り上がったときに急にダメになって、「おいおい」ってなるじゃん。「だったら俺でよけりゃ」っていう感じでしたよ。

鈴木　いや、こんな言い方じゃなかったよ。俺に電話してきたとき、なんか電話口でキレてた。健介に対して「なんでアイツやらねーんだよ！」って、そんな言い方だったんで（笑）。

――「正直、スマン」じゃ済まさないぐらいの勢いで（笑）。

ライガー　だから、こっちの勝手な理由で大事な試合がなくなって、「このままじゃ鈴木がかわいそうだな」と思ってさ、それで上井さんに「俺がやりますよ」って言って。「ただ、鈴木がオッケーって言うかな？」ってことで、直接電話したんですよ。「俺、やるよ。俺でいいか？」みたいな感じで。そうしたら鈴木が、その電話だったか後日だったか忘れたけど、「俺、ライガーさんとやります」って言うから「じゃあ、決まりでいいやん」と。それで終わり。簡単な話だったと思うよ。

鈴木　電話がかかってきたときは、ちっちゃい家に住んでて台所で電話をしていたんですよ。それでなんかボロボロ泣いて「すみません、また連絡します」って電話を切って。

ライガー　ああ、そうか。1回切ったんだよね。

鈴木　それで次の日か、その次の日くらいにまた連絡をして。

ライガー　「俺、やりますよ」と。それでこっちも「あっ、そうか。わかった。やろう！」と。こんな感じ（笑）。

――でも当時の新日本は格闘技路線みたいなのがあって、バーリ・トゥード（総合格闘技）に半ば無理やりレスラーが駆り出されている時代で、ライガーさんはそれに対して凄く否定的だったじゃないですか。そのライガーさんが、鈴木さんとの試合だったら、自ら「俺がやる！」って名乗り出たことが、当時は不思議だったんですよ。

ライガー　不思議じゃないよ。鈴木はプロレスラーだもん。ルールやリングはパンクラスだろうが、俺のなかでは鈴木はプロレスラー。だったらやりゃあいいじゃんって。簡単な話。

鈴木　だから極論すれば、俺以外だったらやっていないんでしょうね。

ライガー　みんなが難しく考えてるだけで、プロレスラー同士なんだから、やってみりゃいいじゃんって。それでダメならしょうがない。試合まで準備期間も少なかったからね。

鈴木　俺は健介との試合が流れてから、「俺は最後の試合もせずに辞めていくんだ……」と思っていたんだけど、ライガー戦が決まって気持ちもパッと晴れて、山梨の山のなかにある廃墟みたいな家を借りて合宿したんですよ。凄いところを廣戸（聡一）さんが見つけてきて。

ライガー　それは聞いてたよ。

鈴木　山梨と静岡の県境あたりで、富士川の最上流部のほうですよ。そこで自炊をしながら、村で1軒だけ空いてる家を借りて生活をして。「俺は世界最強の人間とやるんだ」「俺はこの試合で勝てなければ死ぬんだ」くらいの精神状態まで廣戸さんに追い込んでもらいましたね。

「ライガー戦のあと眠れない日々が続いて、『俺、プロレスやりたい』って自分の気持ちに気づいちゃったんです」（鈴木）

――それぐらいの思いで臨んだからこそ、引退しようとしていたはずが、次の展開が見えてきたんですかね。

鈴木　試合後、負けたライガーのほうに観客の視線も歓声も集まっていたんですよ。俺にパンチでボコボコに殴られて、顔を腫らしながらマイクを持って、「もう1回やろう。すぐにというわけにはいかん。2年くらい時間をくれ。次はブチのめす！」とか言ったら、お客がワーッて沸いて。「あれ、俺が勝ったんだけどな……なんだろ、この世界？」っていう疑問が残って。そのことが頭から離れなくて、眠れない日々が続いたんですよ。2カ月以上悶々としちゃって。

ライガー　へえー、そう？

鈴木　それでいろいろ考えたとき、「俺、プロレスやりたい」って自分の気持ちに気づいちゃったんですよね。プロレスって凄く幅が広いものじゃないですか。俺はパンクラスでプロレスの最先端まで突き進んだ気持ちでいたんですけど、パッと振り返ったらプロレスには凄くいろんな世界が広がっていて。「俺はプロレスのほんの一部しか知らない。まだ何も観ていない」っていうことに気づいてしまった。

ライガー　最先端ではあったのかもしれないけど、いちばん先っちょのとんがった部分だったから、たまたま振り返ったときにいろんな世界が見えたんだろうね。

鈴木　だから、いまもわけのわからない小さな団体にも出ますけど、楽しくてしょうがないですね。

――ライガーさんは鈴木さんがプロレスに復帰すると聞いたとき、どう思いましたか？

ライガー　「おっ、帰ってくるのか！」って。そこは無条件に「おー、そうか！」となったね。

鈴木　言っておくけど、誰にも（プロレス復帰を）誘われていないからね。あの試合が終わったあと、上井さんから「試合も終わったし、ライガーとお疲れさん会をやろうよ」って言われて、3人で焼肉食いに行ったの憶えてません？

ライガー　あー、そんなことあったかもしれない。

鈴木　そのときに俺が上井さんに話を切り出したんですよ。「俺のことを新日本で買ってくれませんか？」って。プロレス復帰の意思を口にしたのはそれが最初ですね。ふたりとも「なに言ってんだ、コイツ？」みたいな顔をしてましたよ（笑）。

ライガー　それでしばらくして、本当に新日本に出始めたんだよな。

鈴木　ただ、プロレスに戻ってからもしばらくは月1くらいしか試合が組まれてなくて、試合もあっさりとしたものばかりだった。そうしたらしばらくして、ライガーさんと会場のバックステージの廊下で会ったとき、「なあ、みんなおまえのこと警戒してるぞ」って言われたんですよ。要は俺が格闘技の人だからってことで「何をやられるかわからない」と。

ライガー　そんなわけないじゃんねえ（笑）。

鈴木　いやいや、それをライガーさんが俺に言ってきたんですよ。

ライガー　だから「みんなが警戒してるみたいだよ」とは

言ったと思うけど、実際にそんなことするわけがないじゃん。「アイツら何を考えてるんだ?」って思ったんだよ。

鈴木　ただ、自分も意識して「いざとなったらいつでも行くぞ」みたいな目でまわりを見ていたんですけどね(笑)。これは元をたどればアントニオ猪木、藤原喜明の教えですよ。

ライガー　昭和の新日本はそういう教えだったからね。

鈴木　でも昭和はもうとっくに終わってた(笑)。

――そういうこともライガーさんに教えられたわけですね(笑)。だからライガーさんは、プロレスラー・鈴木みのるに凄く影響を与えていますよね。

ライガー　でもね、お世辞を言うわけじゃないけど、俺のプロレス人生のターニングポイントには、かならずコイツがいるからね。

鈴木　俺のことが好きなんじゃないですか?

ライガー　おまえだろ(笑)。いや、でも本当にコイツがいたから柔術の道場にも行くようになったし、いろんな局面で関わってるんだよ。

――ライガーさんの引退前、最後の大きな試合は鈴木さんとの両国での一騎打ちですもんね。

ライガー　あれは引退前にやったいちばん大きな試合だし、ファンのみなさんにもあれがベストバウトだって言ってもらえましたね。最後にそういう試合ができて、自分は幸せですよ。

「おまえ、プロレス何年やるんだよ！100歳のおまえをホント見てみたいから俺も見届けてやるよ」（ライガー）

鈴木　あの流れは俺が強引に作ったものですからね。引退を発表してから、新日本が考えるライガーの引退ロードの予定に、俺はまったく入ってませんでしたから。

――そうだったんですか。

ライガー　急に絡まれたんだよ。俺が放送席でテレビの解説をやってたら急に襲いかかってきて、引きずり回されてパンツまでむき出しにされてさ。

鈴木　最後にライガーとやるためには、もう既成事実を作るしかないじゃないですか。だから新日本としても最終的に盛り上がったから両国で組んでくれたんだと思うけど、当初は両国でやらせるつもりはまったくなかったと思う。

ライガー　それなのに、引退前の人間が両国でシングルをやらせてもらえたんだからありがたいよ。もし、鈴木が正面から正々堂々と来てたら、ああはなっていなかったわけじゃん（笑）。

鈴木　ならないですよ。そこは俺もそうやって生きてるんで（笑）。

――でも引退前に〝思い出マッチ〟をやるんじゃなく、あそこまで因縁が深まるっていうのもなかなかないですよね。

ライガー　毎日のようにグチャグチャだもんね。

鈴木　ライガーは毎日マスクを脱がされてるし。「もうみんな中身を知ってるんだからいいじゃん」って（笑）。

ライガー　普通、引退前の人間にあそこまでやるか？

鈴木　だってぼんやりと辞めようとしてたから。

ライガー　いや、ぼんやりじゃないんだけど（笑）。

鈴木　なんか、綺麗に風呂敷を畳むように現役を終えようとしていたから、俺が知ってる◯◯恵一はそういう人間じゃないっていう思いがあったんだよね。酔っ払った新弟子時代の俺をぶん殴って、鼻血を吹かせた男ですから（笑）。

ライガー　そんな因縁を引っ張り出す⁉（笑）。

鈴木　でも本当に「そんな終わらせ方させてたまるか」と思ったのはたしか。

――でも鈴木さんがそうやって因縁を作ったおかげで、ファンも最後にいいものを見ることができましたよ。引退前に鬼神ライガーになって、狂ったように暴れ回る姿が見られるとは思いませんでしたから（笑）。

鈴木　あれはいつだっけ？

――2019年ですね。

鈴木　もう5年も経つの？

ライガー　そうよ。早いよ〜。

鈴木　なんか嫌だなあ。

ライガー　でも鈴木選手はいろんな新しいものを取り入れて、ずっと最前線にいるんだから素直に凄いと思うよ。

鈴木　俺は今年で56歳になるんです。俺が56ですよ!?　だからあと44年しかプロレスができないんですよ。

ライガー　おまえ、何年やるんだよ！（笑）。

鈴木　とりあえず100を区切りにしようかなと思ってて（笑）。

ライガー　じゃあ、俺も見届けてやるよ。

鈴木　いや、その前にライガーさんは死ぬでしょ（笑）。

ライガー　やかましいわ！（笑）。

鈴木　でも本当に最低でも100歳までやるつもりで、日々、トレーニングやコンディショニングを続けてるんで。

ライガー　凄いなあ。100歳のおまえをホント見てみたいわ。

鈴木　プロレスを辞めたくないんですよ。あとは一度、レスラーとして死に損なったんで。「もうダメだ……」っていうところでライガーと対戦したら、死ねなかったんで（笑）。

ライガー　生き返っちゃったんだ（笑）。

鈴木　プロレスという世界に戻って来たら、生き返っちゃったんです。だから獣神ライガーは俺を救ってくれた救いの神でもあるんですよ。

ライガー　そんなこと言われても、何も出てきませんからね（笑）。

鈴木　なんだ。持ち上げて、このあとメシ奢ってもらおうと思ったのに。

ライガー　そういうことかい！

鈴木　じゃあ今日のオチは「鈴木みのるを生み出したのはライガー」ということで。これから俺が何かをしでかしても、苦情はすべてライガーまでお願いします。

ライガー　そこまで面倒を見きれるか！（笑）。

KAZE
The KING

獣神サンダー・ライガー
(じゅうしん・さんだー・らいがー)
1989年4月24日生まれ、永井豪宅出身。元プロレスラー。
1989年4月24日、東京ドームにおける小林邦昭戦で「獣神ライガー」としてデビュー。同年5月25日、馳浩を破って第9代IWGPジュニアヘビー級王座に輝く。1990年1月に「獣神サンダー・ライガー」に改名。1992年に『TOP OF THE SUPER Jr.III』を制覇。1995年には団体の枠を超えてさまざまなジュニア戦士が集った第2回『SUPER J CUP』で優勝を果たす。1997年1月4日、ウルティモ・ドラゴンを破り、第3代ジュニア8冠王に君臨。2001年の『BEST OF THE SUPER Jr.VIII』では史上初の全勝優勝を達成するなど、ジュニアのトップとして、アイコンとして世界中のプロレスラーに多大な影響を与え、あらゆる国のプロレスファンからも絶大な支持を得ている。2020年1月4日、1月5日東京ドーム大会で現役を引退。現在は解説者やユーチューバーとして活躍している。

鈴木みのる(すずき・みのる)
1968年6月17日生まれ、神奈川県横浜市出身。プロレスラー。
高校時代、レスリングで国体2位の実績を積み1987年3月に新日本プロレスに入門。1988年6月23日、飯塚孝之戦でデビュー。その後、船木誠勝とともにUWFに移籍し、UWF解散後はプロフェッショナルレスリング藤原組を経て1993年に船木とともにパンクラスを旗揚げ。第2代キング・オブ・パンクラシストに君臨するなど活躍。2003年6月より古巣の新日本に参戦してプロレス復帰。以降プロレスリング・ノア、全日本などあらゆる団体で暴れまわる。2018年6月23・24日、横浜赤レンガ倉庫でデビュー30周年記念野外フェスティバル『大海賊祭』を開催し、大雨のなかでオカダ・カズチカと30分時間切れの激闘を繰り広げる。その後も新日本などの日本国内あらゆる団体で試合をおこなっているが、現在はさらにアメリカやヨーロッパなど海外でも活動をして各地で絶大な人気を誇っている。

バッファロー吾郎Aの きむコロ列伝!! Buffalo GoroA

第148回 そして神戸

バッファロー吾郎A

バッファロー吾郎A/本名・木村明浩（きむら・あきひろ）1970年11月24日生まれ/お笑いコンビ『バッファロー吾郎』のツッコミ担当/2008年『キング・オブ・コント』優勝

3月23日、神戸ワールド記念ホールで『RIZIN LANDMARK 9 in KOBE』がおこなわれた。神戸は私の生まれ故郷であり、なんとこの日、私は神戸ワールド記念ホールと同じ神戸市中央区にある神戸三宮シアター・エートーで『みなとの子』という私の主演舞台の千秋楽を迎えていた。芸歴35年目にしてようやく故郷に錦を飾ることができた記念すべき舞台と、RIZINとの『神戸興行戦争勃発』と思ったのはたぶん世の中で私ひとりだけだろう。

私は自分のなかで勝手に1995年4月2日、当時他団体との交流を断っていた全日本プロレスが他団体と同じ興行に参加し、全13団体が一堂に会して（対抗戦はなし）おこなわれたベースボール・マガジン社主催のオールスター戦『夢の懸け橋～憧夢春爛漫』が東京ドームでおこなわれている隣の後楽園ホールで、WARが興行をおこなったときの興行戦争と重ねていた。興行戦争と言ったものの、どちらが勝った負けたなどはない。観に来てくださったお客様が喜んでくれたかどうかが問題である（だったら書くなと言われたら何も言い返せない）。

ネットで神戸について調べていると、『神戸出身の美女有名人』という項目があった。北川景子さんや戸田恵梨香さん、山之内すずさんなど日本を代表する美女たちが名を連ねている。

神戸出身の美人女性芸能人と聞いて、私が真っ先に思い浮かべるのは浅野ゆう子さんだ。初めて芸能人のサイン色紙を手にしたのは小学生の頃、姉が知り合いからもらった浅野ゆう子さんのサイン色紙だった。

そんなことを思い出しているうちに私は眠ってしまい夢を見た。他人の夢の話はつまらないが興味深い内容だったので紹介したい。

私は雑誌『シモノゲ』の取材で浅野ゆう子さんにインタビューすることになった。

——浅野さん、今日はよろしくお願いします。

浅野「よろしく。A先生も神戸出身なんだって?」

――そうなんです。でも同郷の大先輩を前にしてというより、浅野さんの美しさを前にして緊張しています。

浅野「まあ、お上手ね。お礼にゴーフルを1枚あげるわ」(とゴーフルをバ吾Aに向けてフリスビーのように投げる)

――(飛んできたゴーフルを受け取り)わあ、神戸風月堂のゴーフルだ! ありがとうございます。それではインタビューを始めます。『シモノゲ』はプロレス&格闘技の雑誌なんですが、正直浅野さんにプロレスや格闘技のイメージはないですよね。

浅野「それがA先生、今度私が出演する映画が『ウルティモ・ドラゴン物語』なのよ」

――なんと! ウルティモ選手といえば、立ち上げた闘龍門JAPANの本拠地が神戸で、そこを舞台に地元の大スターである浅野さんが出演されるなんて最高ですよ。

浅野「ただホント失礼な話で、映画のお話をいただくまでウルティモ選手のことを知らなくて勉強したら、技名にご自身の名前が入っているくらいスーパーレジェンドレスラーで驚いたのよ」

――メキシコのルチャの大技『ラ・ケブラーダ』はウルティモ選手がアメリカで広めたので、全米マット界では『アサイ・ムーンサルト』とウルティモ選手の本名が入っています。ほかには『アサイDDT』とか。

浅野「凄いわよね。あとは『アサイキカク』とか」

――それは関根勤さんや小堺一機さんやずんが所属する『浅井企画』というお笑いの事務所でウルティモ選手とは関係ないです。

浅野「ほかにも『アサイネムリ』とか」

――「それは『浅い眠り』で、熟睡ができていない質の悪い睡眠でウルティモ選手とは一切関係ないです。ちょっと浅野さん、冗談はやめてください(笑)。

浅野「ごめんなさい。お詫びに豚まんを1個あげるわ」(と豚まんをナックルボールの握りでバ吾Aに向けて投げる)

――(揺れながら落ちる豚まんを口でキャッチして)わあ、三宮一貫楼の豚まんだ! ありがとうございます。それではインタビューの続きを。浅野さんは何の役をされるんですか?

浅野「主役よ」

――はい?

浅野「だから主役のウルティモ選手を私がやるの」

――冗談ですよね?

浅野「本当よ」

――ちょっと待ってください。性別が違いますよ。

浅野「市村正親さんなんて性別を超えて舞台でスヌーピーを演じていたじゃない。あなた知らないの?」

――それとはまた違いますよ。

浅野「もちろんいくつかのプロレス技のシーンはスタントの方にやってもらうわよ」

――そりゃそうですよ。危険ですよ。

浅野「だってメキシコの関節技(ジャベ)は複雑すぎて覚えられないもの」

――そっち!? アサイ・ムーンサルトは?

浅野「飛び技は全部私がやるわ」

――どっひゃー!

ココで私は目が覚めた。

染谷将太

俳優

夢枕獏

小説家

ただいま全国公開中の
映画『陰陽師0』が
おもしろすぎるので
現代における“呪《しゅ》”について
プロレス的に語ってみた。

「現代でもインターネットの言葉で
人が命を絶ったりする。
そこでは呪いがかけられる
わけだから簡単に
シャットアウトできないし、
それを救うのは大変だよね」
「役を演じている瞬間は自分に
呪いをかけている。
そして作品を観たお客さんも
呪いをかけられて、
感動が生まれたり、何かが
浄化されたりするんだと思います」

収録日：2024年4月4日　撮影：工藤悠平　写真：©2024 映画「陰陽師0」製作委員会　構成：井上崇宏

夢枕獏の小説『陰陽師』は、平安時代に実在した〝最強の呪術師〟安倍晴明の活躍を描いた大ベストセラーシリーズ。1988年に刊行され35年が経った現在でも定期的に新刊が発売されており（現在第18巻）、シリーズ累計発行部数は670万部を超え、日本国内だけでなくアジア・ヨーロッパなど世界でも人気を集めている。

そして原作・夢枕獏の全面協力のもとで製作された『陰陽師0』。その公開を記念して、原作の夢枕獏、出演の染谷将太と、現代における〝呪〟（しゅ）について、プロレスにたとえながら語ってみた。

「〝真実と事実〟、〝主観と客観〟というものを、あらためていろいろと考えさせられています」（染谷）

――『陰陽師0』、とてもおもしろかったです！　『KAMINOGE』的には奇しくも呪いの映画2連発となってしまったんですけど（笑）。

夢枕　『アイアンクロー』でしょ。だいぶ前の話になるんだけど、ケリー・フォン・エリックが亡くなったときに猪木さんとどっかで会ったんだよね。そこで猪木さんから「死んだのは知ってますか？」って聞かれて、「知ってますよ。大変でしたよね」って答えたら、「これかね」って注射をする動作をするんですよ。「これ」っていうのはステロイドだよね。「それは猪木さんのほうがご存知なんじゃないですか？」って言ったら、「そうだよね。まあ、これだよね」っていう会話をしたのは憶えてるよ。

――映画でも、ステロイドを注射で打っている描写がありましたね。

染谷　あっ、そういう映画なんだ。自分は世代的にエリック一家の存在だけは知っていますけど、リアルタイムでは観たことがなくて。

――なので、同じ呪いでも、陰陽師とは違う種類のやつなんですけど（笑）。

夢枕　でも『陰陽師0』がおもしろかったと言ってくれてよかった。あのね、俺も観たときに本当にいい映画だと思ったから、「これ、いけるんじゃないの」っていうのが第一声。俺は原作者で、映画を作ったわけじゃでしょ。だから本当は監督（佐藤嗣麻子）と一緒に観るのが嫌だったんだよね。だって「いやあ、変なの作ったな……」と思っても、「嗣麻子ちゃん、よかったよ」って目をそらしながらお世辞を言わなきゃいけないじゃないですか（笑）。だけど、そういう心配がなんにもいらなかった。「いやー、いい映画だね！」って言ってから、ふたりでまた陰陽師の話で盛り上がったくらいなので。

染谷　自分も観て、本当におもしろかったですね。全体的にエンターテインメントとして楽しいのはもちろんですけど、今回与えられたセリフのひとつひとつがずっと頭に残っているんですよね。「真実と事実」であったり「主観と客観」というものを、あらためて自分のなかでいろいろと考えさせられていますね。

——佐藤監督も「現代に通ずる話も入れたくて、〝フェイクニュース〟をテーマのひとつにしている」とおっしゃっていましたね。いつの時代も、世の中には誰かが作った嘘をみんなで共有して信じてしまう怖さがあるという。

夢枕　現代も呪いというか、言葉で人が死ぬ時代じゃない。インターネットでみんなが誰かのことを書くと、その人が自分で命を絶っちゃうという悲しい現象が起こっていて。あれはまさに呪いと同じような現象だよね。

——平安時代の呪術戦が、いまも続いているような感じですよね。

夢枕　でも、それを救うのは大変だよ。だってある個人に向かって、ある種の呪いがかけられるわけだから簡単にシャットアウトできないよ。俺も自分の本が出ると、1カ月くらいはネットの評判を見るもん。

——あっ、夢枕先生もエゴサするんですね！

夢枕　いやいや、見るよ。基本、誰かに褒められたいわけよ。だから褒めてる書評を探しちゃうんだよ。1カ月くらいはやるかなあ。

——夢枕先生が見ているんだったら、もうあらゆる作り手全員が見ていますね。

染谷　でも自分もやっぱり人の声っていうのは気になりますよね。

夢枕　気になるよ。本当に。

——そこでの評判で一喜一憂して。

夢枕　編集者は褒めてくれるんだけど、普通の人じゃないと本当のことを言ってくれないじゃないですか。編集者ってもうみんな俺よりも歳下だから説教してくれないんだもん（笑）。だから自分自身で気をつけないとヤバいんだよ。

「俺たちの力道山は本当にガラスのコップを食ったんじゃないかな。それとも力道山もなんか使えたのかね？」（夢枕）

——そういう意味では、『陰陽師0』は凄く現代的な映画でもありますよね。

夢枕　そう。それでさ、本人が自分で「凄いだろ？」って言えないだろうから俺の口から言っておくと、いいんだよ、彼（染谷）も凄く。

——いつも凄くいいですね。

夢枕　そう、そのとおり！（笑）。

染谷　ありがとうございます（笑）。

夢枕　本当に演技がいいんだよ。これはネタバレみたいな感じになっちゃうけど、徽子女王と最後に会って、「でも、心ではつながっています」っていうシーンでの、よかったという思いもあるし、でも悲しいという、そのかなり複雑なところの表情なんかも上手なんだよね。あらゆるシーンが凄くよかった。

——それで、この『陰陽師0』を『KAMINOGE』的な角度でどう語ればいいのかを考えてきたんですが。

染谷　『陰陽師0』を『KAMINOGE』としてどう扱うか（笑）。

夢枕　俺はそれが楽しみで。今日、『KAMINOGE』はいったいどういう切り口で来るのかなと（笑）。

——まず、ボクが映画を観終わったあとに思ったことは、「力道山って本当にガラスのコップをかじって食ったのかな？」と。

染谷　アハハハハ！　そういう角度か！（笑）。

夢枕　最高！（笑）。

——アハハハハ！　石原慎太郎さんも「力道山が〝コップ食い〟するのを実際に見た」と証言していて、力道山はバリバリと血を流しながらコップを噛み砕いて飲み込むっていうことをいろんなところでやっていたみたいなんですけど。

夢枕　俺もそう聞いたよ。

——目撃者がいるとはいえ、それが「事実」なのか「真実」なのかはわからないぞとなっているところです（笑）。

夢枕　いや、わかんないんだよ。俺も見ればよかったんだけど、当時パンクラスの髙橋義生選手と一緒に飲んでいたときに彼が「ボク、ガラスを食えますよ」って言うんだよ。それで「いま、ここで『このコップを食え』って言われたらやりますよ」って言うんだけど、「じゃあ、やってよ！」とは言えないじゃない（笑）。ただ、歴代で力道山とか上田馬之助なんかがやってきたっていうのを聞いているから、「あっ、みんなやるんだ。それ、大丈夫なの？」って聞いたら、「大丈夫ですよ。噛んで細かくしちゃえば内臓が傷つかないんで」と。「いや、聞きたいのは内臓のことじゃなくて……」みたいな（笑）。

——アハハハハ。じゃあ、先生も見てはいないんですね？

夢枕　見てないんだよ。だからあのとき、俺は勇気を持って「お願いします！」って言えたらよかったんだけど……いや、見たかったよ、そりゃ（笑）。でも「じゃあ、やってくださいよ」ってどうしても言えなかった。

染谷　言えないですよね（笑）。

夢枕　普通のお店でそれは絶対にやったらダメだしね。だからまだわからないんだよ。わからないんだけど、俺が「見たい」と言えば彼は本当に食べたと思う。俺にそう言った手前、絶対に。

染谷　そう言っちゃったら、間違いないですよね。

夢枕　いや、俺だってそんなことでけっこうバカなことをしたことがあるんだよ。まあ、ちっちゃい頃の話だけど、高いところから飛び降りるのを「できないだろ？」って言われて、「いや、できるよ！」って言って飛び降りたら、両手をおかしくしたことがあるから。だから煽るようなことはできなかった。

――ただ、実際に目の前で見たとしても、それはプロレスラーの呪（しゅ）なのかもしれないですし（笑）。

夢枕　もしかしたら力道山もなんか使えたのかね？

染谷　力道山が呪の使い手だった（笑）。

夢枕　たとえばテーブルの下で何かでバリバリって音をさせて、コップは手で割ってね、上手に破片を下にこぼしたとか。それは手品師だけども。まあ、食ったんじゃないの、俺たちの力道山は（笑）。

「演者がカメラの前で演技するときは呪にかかっているんです。プロレスラーもリング上ではそうだと思う」（染谷）

――そして、これはいにしえから言われている、「なぜ、プロレスはロープに振られたら返ってくるのか？」という。

夢枕　じゃあ、それはちょっと彼に。

――えっ、染谷さんは答えを持ってるんですか!?

染谷　答え？（笑）。

夢枕　いや、彼が答えを持っているかどうかはわからないけど（笑）。

――この問いに理路整然と答えられたプロレスラーって誰もいないと思うんですよ。

夢枕　かならず相手の左手を持ってね、ロープのほうに振るけど、「どうしてって聞かれてもわからない」ってみんな言うんだよね。あれは催眠術なのかっていう。

――まさにジャイアント馬場さんが「あれは催眠術にかかってるようなもの」って答えているんですよ（笑）。

染谷　でも、そうですよね。自分もこの映画を通して思ったことは、プロレスのリングの上って呪にかかっているようなものだなと。

夢枕　へえー。やっぱりプロレスのことを考えちゃったんだ。

染谷　はい。ある種、演者もカメラの前で演技するときは呪にかかっているんです。そしてプロレスラーもリングの上で闘うときは、そこで実際に相手とぶつかり合うと事実があって、そのエネルギーが観ているお客さんにも伝わっていくわけですよね。そうしてお客さんも含めて呪にかけられている状態っていうのがプロレスの会場だと思うんです。自分もプロレスを観に行って、楽しんでいながらそういうふうに感じたりしていますね。

——となると、この世のありとあらゆる事象はすべて呪にかかっているのではないかというところまで考えちゃいますよね。

夢枕　そのとおり！　もう、この世のすべてのことは呪にかかっていますよ。だって、たとえば俺たち人類の祖先であるネアンデルタール人が滅びて、それから我々現生人類が残った。これは何かと言うと、より大きな呪をみんなでかかることができたんだよね。

染谷　あー。

夢枕　具体的に言うと、「物語の共有」ができたんだよ。ネアンデルタール人に「集団」というものができたのはせいぜい2家族で、多くても3家族くらいなんだよね。でも現生人類はもっともっと大きなコミュニティができた。なぜかと言うと、脳のせいもあるんだけど、同じ共有できる「ファンタジー」、呪があったからなんだよね。それは何かと言うと、たとえば「あそこの大きな岩には神様が宿っているに違いない」となって、それをみんなが「そうだ！　そうだ！」ってなると、そこでは同じ信仰が始まって、より大きな呪にかかることができる集団が生き残っていくんだよ。いまで言うと「お金」もそう。お金って紙じゃない。まあ、いまは電子マネーなんかもあるけど、あんな紙切れでものが食えるわけだよ。そんなの古代人は絶対に信用しない。

染谷　たしかに。

夢枕　でも、俺らは紙幣とかコインという実態とは違うものでお腹がいっぱいになるものと等価交換できるって、これは世界全部が共有している呪ですよ。そうやって呪をより大きな人数で共有できる社会が生き残っていくんだよね。

——夢枕先生は陰陽師の呪術的な部分を調べて、掘っていって、それを物語として書かれていて、頭がおかしくなったりはしないんですか？　やっぱりその作業は楽しいという感じですか？

夢枕　いや、俺的には頭がおかしくはならないんだよ。むしろ書くからならないし、書くことで自分がリセットされていったりもするから。だから極端なことを言うと、恨みつらみで原稿を書くようなところもあったりするし、「昔俺をふった◯◯ちゃんが俺の小説を読んで感動して、電話してきてくれないかな……」みたいなやましい気持ちで書いたりはする(笑)。

——アハハハハ！　頭がおかしくなっている状態ですね！(笑)。

夢枕　だから書いていくうちにだんだんとやましいものって減っていくんだよ。

染谷　浄化されていくんですか？

夢枕　浄化されてはいくんだけど、浄化しきれないんだよね（笑）。だからずっと残るんだけど、やっぱり書くとちょっとラクになる。それはいいプロレスを観たあとみたいな感じで。

「俺の呪いのテクニックは『やる気があろうがなかろうが、とにかく原稿用紙に書けば大丈夫』っていう」（夢枕）

――たしかに物語を書くという行為自体が、ちょっと呪にかける側にまわっているとも言えますよね。

夢枕　それは自分も呪にかかって書いているわけなので。役者としてはそのへんはどうなんですか？

染谷　まさに自分もそうですね。

夢枕　そうだよね。役になりきるわけだから。

染谷　それは嗣麻子さん（監督）とも話したんですけど、お芝居であったり、人前に立つことであったりっていうのは、どこか自分をごまかしていかなきゃいけなかったり、自分に暗示をかけなきゃいけなかったりするんですよ。緊張しないように、冷静でいられるために自分に暗示をかけなきゃいけなくて、役としてそこに立つという瞬間はある種、自分に呪をかけていて、それが作品となってお客さんのもとに渡ったときは、お客さんもその作品に呪をかけられるというか。そうして感動が生まれたり、それこそ何かが浄化されたりする。やっぱりそういう感覚がありますね。

夢枕　自分に呪をかけて役になりきっていくっていうのは、どの段階でやるの？　自分の出番が来る直前なのか、それとももっと前からなのか。

染谷　人によると思うんですが、自分の場合は呪をかける材料をいっぱい用意しておいて、本番が始まったらそれを使うみたいな感じですね。

夢枕　瞬間的に用意してきたもので役に入れちゃうんだ？

染谷　自分はそうですね。

夢枕　それは凄いなあ！

――染谷さんは長州力タイプですね（笑）。

染谷　長州さんはそうなんですか？（笑）。

――現役時代の長州さんって入場の直前まで控室で雑談をして大笑いしていたらしいんですよ。それが「長州さん、出番です」って『パワーホール』が鳴った瞬間にめちゃくちゃ怖い長州力になって出て行くっていう。

夢枕　たとえがわかりやすいねえ（笑）。

――これは佐山聡さんの証言です（笑）。

染谷　自分も完全にそのタイプです。

――だから長州さんも自分に呪をかける材料をいっぱい持っていたんでしょうね。でもアントニオ猪木はよく「24時間ア

ントニオ猪木」って言われていましたけど。

夢枕　そうそう。

——演じている、演じていないの境目が本人もわかっていないんじゃないかっていう。

夢枕　あれはそうだよね。

——夢枕先生は原稿を書く際に、どこで呪をかけられるんですか？

夢枕　俺はね、けっこう入るんだよ。それで自分で原稿を書いていて泣くときがけっこうある。女流作家が何人かいるところで、「俺、書くときに泣くんだけど、みんなはどう？」って聞いたら、「えっ、泣くの？　信じらんなーい！」みたいなことを言われてね、「えっ、なんで泣かないの？」ってこっちが逆に驚いた。泣かずに書ける人がいるっていうことを俺は20年くらい前に女性の作家さんたちから教わったよ（笑）。

染谷　アハハハハ。

夢枕　だから自分に呪をかける方法って「やる気スイッチ」って言い換えると、やる気スイッチっていうのは探してもないんだよ。基本的にはなくて、いくら待っていてもアイデアもやる気も来ないんだよ。じゃあ、どうすればそうなるかと言うと、とにかく原稿を書き始めちゃう。もう締め切りが来たならば、タイトルを書いて、「よっしゃ！」って1行を書くと2行目、3行目が出て、6行目まで行くともう入ってる。だから「とにかくやる」と自分で呪にかかるんだよ。だから俺のテクニックとしては「やる気があろうがなかろうが、とにかく原稿用紙に書けば大丈夫」っていうのがあるのよ。

「葛西純選手が『リングの上だと針を刺されても全然痛くないけど、病院の注射が本当に嫌いだ』って（笑）」（染谷）

——最近、長州さんがよくおっしゃっている話で、長州さんは〝マッチメイク〟っていう言い方をするんですけど、「この世の中でマッチメイクしていない人間はひとりもいない」と。

染谷　うわー。

夢枕　それは凄い言葉だねえ。

——毎日、家を一歩出た瞬間から、みんな自分以外の何者かを演じていると。

夢枕　それは本当にそう。いま聞いていてもしみじみするよね。だって家でもカミさんに対して少しおもねった自分になるわけじゃない。もう地雷がわかってるんで（笑）。

——地雷がわかってる（笑）。

夢枕　だからその地雷を踏まないようにしている。それは仲良くするためだからだけど、たしかに本来の自分ってどこにいるかわからないよね（笑）。その都度その都度、俺たちはいろんなところでプロレスをしているわけだから。誰々の前ではその人にあったプロレスをして、ここではここにあったプロレスをしようと思っているわけでしょ。

染谷　そうですよね。ただ、やっぱり実際のプロレスは痛いじゃないですか。あれも本当に呪なんじゃないかなって思います。それこそ葛西純選手とお話をさせてもらったとき、やっぱり「リングの上だと針を刺されても全然痛くない」と言うんですね。でも病院の注射が本当に嫌いだって（笑）。

夢枕　わかるね、それは（笑）。

染谷　それはリングの上では完全に呪にかかっているとしか言いようがないじゃないですか。

夢枕　そうだよね。観ている人がいればやれちゃうことが、誰も観ていないとできないよね。

――やっぱり実際のプロレスは観ている人がいて成立するものですし、我々が普段やっているマッチメイクも、他者がいてこそやっていることで。

夢枕　そういう意味では、俺も自分で自分をひどい目に遭わせたことがあって。テレビの番組で世界中の水のあるところを辿るということやっていたんだけど、テームズ川の取材のときにいまも憶えているけど、ベンというテームズ川を清掃している男がいたんだよ。それで「きのうはクルマを1台拾って綺麗にした」と。「俺たちは10年かけてこの戦争に勝ったんだ。いまじゃこのテームズ川にサーモンがあがってくる。バク、俺はここの水を飲めるようにしたんだよ」って言うから、「えっ、本当に？　飲めるの？」って聞いたら、「飲めるよ！」と。「じゃあ、先にあんたが飲んだら俺も飲むよ」って言ったら、「わかった」って言ってテームズ川の水をバケツで汲んで、それでコップをふたつ出してきて入れたんだよ。そうしたら濁ってるんだよね（笑）。

染谷　アハハハハ！　あきらかに（笑）。

夢枕　「いや、大丈夫だ。10分もすれば沈殿して上が澄むから」って言うんだけど、10分かかってもまだ濁ってるんだよ。そうしたらベンがウイスキーを出してきて、「バク、飲もうよ」って。それをコップのなかにどばどばって入れるんだよ。それで俺はやめようかなと思ったんだけどカメラがまわってたんで「これはもう引き下がれないな」と思って、「乾杯！」ってやって。それで先にベンが飲んだから、しょうがないから俺もガーッと飲んで、飲み終わったあとにベンが「どうだ、調子は？」って聞いてきたから、「いや、俺は調子はいいよ」と。そうしたら「バク、もしも具合が悪くなったら、俺はいい医者を知ってるから言ってくれ」って言うから、「俺もいい坊主を知ってるから、いざというときは俺がいい坊主を紹介してやるよ」って返して。

――おもしろい！（笑）。

夢枕　で、そのときは元気だったんだけど、そのあとすぐに

帰ってフランクフルトで3時間くらいトランジットがあったんだけど、そこでもう便器を3時間ずっと抱えたまま。

染谷　うわー（笑）。

夢枕　あのときはもうひどかったね。俺は日本に帰ってきてからすぐに病院に行ったよ（笑）。だから観客がいたり、カメラがまわっていたりするから普段なら絶対にやらないこともできるんであって、誰もいないところではテームズ川の水なんて飲めませんよ。「本当にそんなことができるの？」って言ってくれる人がいないと人間は踏み切れない（笑）。

染谷　何をとっても、呪ですね。

夢枕　私はつくづくそう思います。

「役者はスクワットが1000回できればその役をやれるというわけじゃないから、それは大変だろうなあ」（夢枕）

——ちょっと映画の話に戻しますけど、あの陰陽師を養成する「陰陽寮」っていうところは、環境もシステムも昭和の新日本プロレスの道場っぽいなと思ってしまったんですけど（笑）。

染谷　アッハッハッハ！

夢枕　あのね、前に『KAMINOGE』に出たときも思ったけど、たとえがわかりやすすぎる（笑）。

——結局、みんなが同じ方向に向かいながらも、そこで競わせるシステムというか。

染谷　まさに蠱毒（こどく＝小さな入れ物のなかに毒を持った大量の生物を閉じ込めて共食いをさせ、最後に残った1匹を呪詛の媒体に用いる呪術）というか。

夢枕　まあ、世の中はみんな蠱毒だよね。学校もそうだし。役者の世界でそういうのはあるんですか？　養成所みたいなのがあったとして、そんな蠱毒の壺みたいなので誰が生き残って、誰が上に上がって行くのかとかって。

染谷　どうなんですかね？　まあでも、オーディションなんかはそれに近いかもしれないですね。結局、その役にいちばんふさわしい人が選ばれるっていう面では。

夢枕　オーディションね。

——そこで勝ち残る術というのはあったりするんですか？

染谷　いやあ、でも本当に技術があったところでその役に合うか合わないかなので。それはもう運ですよね。

——制作する側の好みもあり。

夢枕　まず向こうのイメージというものがあるので、どんなに上手かどうかを見ているわけじゃないと思うよね。そういうオーディションみたいなのってけっこうあったんですか？

染谷　はい。もう何度も受けましたね。

夢枕　「これはやったな！」と思っていてダメだったときと、

逆に「ああ、これは落ちたな」って思っていても大丈夫だったときっていうのはあります？

染谷　でも、なんかわかるんですよね。なんですかね、「やれたな」「やれなかったな」とかではなく、何かその役に縁を感じるときと感じないときっていうのがあるんです。

夢枕　オーディションって実際はどういうやり方なんですか？　台本を渡されて「はい、やってみて」みたいな感じ？

染谷　どの役なのかがわからないときもあれば、役がわかるときもあったりして、わりかしトーナメント制ですね。それで削られていって、最後はふたり、3人とかになるんですよ。そこではもう相手の顔もわかっていて（笑）。

夢枕　そこで「この3人のうちの誰かだな」ってなったときに、「コイツには勝ったな」とか「コイツ、ちょっと手ごわそうだな」みたいなのがあるわけですね。

染谷　そうですね。そんな感じで準々決勝、準決勝、決勝戦みたいな感じになっていくんですよ。凄いですよね。

――そうなると、個人の力量や技術を見せるだけじゃなくて、隣の役者さんに勝つためにどうしたらいいかという対策も必要になってくる感じですか？

染谷　いや、そういう世界じゃなくなってきますね。いかに与えられた役回りをベストでできるかしかないですね。

――先生、WWEだそうです（笑）。

染谷　アッハッハッハ！

夢枕　いや、俺がいま話を聞いていてちょっと思ったのは、プロレスの入門テストだったらヒンズースクワットが1000回できればいいよとか、ある意味でわかりやすいところがあるじゃない。でも役者はスクワットが1000回できても、役のイメージの問題もあるから「それは大変だろうな」って言おうとしたら、いま先に「WWEだ」って言うから（笑）。

――プロレスたとえが止まらない呪にかかっちゃいました（笑）。この映画の最後のほうで「おまえは本物だったか」というセリフが出てきましたけど、あそこの部分は……。

夢枕　いや、もう全部監督の台本。

――あっ、そうなんですね。あのセリフは凄く夢枕先生っぽいなって思ったんですけど。

染谷　あー、はいはい。

夢枕　なるほどねえ。「私はできるんですよ」っていうね。

「向こうから歩いてきたおばあさんが、猪木さんに気づいて手をあわせて拝んだ。お坊さん以外で人に向かって拝むことはなかなかない」（夢枕）

――あらゆるものは幻想でニセモノかもしれないけど、その

なかにひと握りの本物がいると示すことで、結論づけることはしないというか。
夢枕　だから真相はわからないよね。安倍晴明は本当にああいうことができるヤツだったのかという設定かもしれないし、そうじゃなくて全部最初の設定通りで、みんなを暗示にかけたというのを映像化しただけかもしれないし。そこはね、監督に聞かないとわからないと思う。そういうヤツなんだよ、彼女は（笑）。
――だから佐藤監督もちょっとしたプロレスラーなんでしょうね。
夢枕　そうだよね。今回の映画にはいろんな王道パターンが入っていて、プロレスで言えば「ここでロープに振ってこの技を出してほしいな」とかいろいろあるじゃない。そういう意味では彼女は少女マンガが大好きだから、恋愛のシーンでは花がこれでもかこれでもかと、コマ割りの外にはみ出すくらいに花で飾るみたいなことも平気でやっていたでしょ。ああいうところが監督の優れたところだよね。やっぱり彼女は上手ですよ。
――最後に、もう1年半が経ってしまいましたが、亡くなられた猪木さんについてこの機会にお話をうかがいたいです。
夢枕　俺はアントニオ猪木を偲ぶために蔦温泉に行きましたよ。
――生前、猪木さんが奥様とよく行っていた青森の蔦温泉ですね。
染谷　自分は猪木さんについてはそんな詳しいわけではない

んですけど、2014年に映画『寄生獣』の宣伝のイベントで猪木さんとご一緒させていただいたことがあって。そのときお会いしたのが最初で最後でしたけど、もうずっと猪木さんでした。本当にイベントが始める前の打ち合わせのときからアントニオ猪木で、「やっぱり猪木さんって猪木さんなんだ」と思って。

夢枕　やっぱりカッコいいんだよね、一緒に歩いていても。向こうから下を向いて歩いてきたおばあさんが猪木さんに衝突しそうになって、パッと顔を上げたら猪木さんだったっていうので、そのおばあさんが手をあわせて拝んだんだよ。本当に（笑）。

染谷　はいはい（笑）。

夢枕　お坊さん以外で、人が人に向かって手をあわせて拝むっていうのはなかなかないよね。それと京都で一緒に歩いていたとき、修学旅行生たちが乗ったバスが5、6台通りがかって、すべてのバスの窓から猪木コールでね、なんか誇らしかったよ。俺はそこにいただけなのに「どうだ、猪木ってすげえだろ！」って思いながら隣に立っていましたよ（笑）。

――思えば長年ずっと、ボクたちは猪木という呪に自らかけられに行っていましたよね。

夢枕　そうだよね。ビンタをもらいに行ったりね。「プロレスは世界最強の格闘技だ」とか、いろんなことを言っているその猪木の言葉にみんな乗っかったわけでしょ。それでいろんな夢を見てね。そういう猪木がいたからUWFができて、パンクラスもできて、いまのUFCを筆頭とする総合格闘技の一角を支えているわけだから。まあ、猪木さんは凄いよね。

――そういえば『陰陽師0』での安倍晴明は、ちょっと佐山聡的なクールさがなかったですか？「あっ、全部言っちゃうんだ」みたいな（笑）。

染谷　アハハハハ！

夢枕　『ケーフェイ』みたいにね、「それは暗示です」っていう（笑）。そういう部分はあるね。でも、そうは言っておいて最後に「さあ、どっちなんでしょう？」みたいなところまで引っ張っていった結果、できたのがパンクラスだよね。よし、最後に1個たとえたよ、俺も（笑）。

染谷　お見事でございます（笑）。

夢枕獏（ゆめまくら・ばく）
1951年1月1日生まれ、神奈川県小田原市出身。作家。
東海大学文学部日本文学科を卒業して1977年に作家デビュー。以後『キマイラ』『サイコダイバー』『闇狩り師』『餓狼伝』『大帝の剣』『陰陽師』などのシリーズ作品を発表。1989年に『上弦の月を喰べる獅子』で日本SF大賞、1998年『神々の山嶺』で柴田錬三郎賞を受賞。2011年『大江戸釣客伝』で泉鏡花文学賞と舟橋聖一文学賞を受賞。同作で2012年に吉川英治文学賞を受賞。漫画化された作品では、『陰陽師』（漫画・岡野玲子）が第5回手塚治虫文化賞、『神々の山嶺』（漫画・谷口ジロー）が2001年文化庁メディア芸術祭マンガ部門優秀賞をそれぞれ受賞。映画化された作品に『陰陽師』『陰陽師2』（東宝）、『大帝の剣』（東映）などがある。プロレスや格闘技にも造詣が深い。

染谷将太（そめたに・しょうた）
1992年9月3日生まれ、東京都江東区出身。俳優。
7歳から子役として役者の活動を始め、9歳のときに『STACY』で映画初出演を果たす。2009年に『パンドラの匣』で主演を務める。2011年、『ヒミズ』で第68回ヴェネツィア国際映画祭のマルチェロ・マストロヤンニ賞（新人俳優賞）を二階堂ふみとともに受賞。主な出演作に映画『嘘つきみーくんと壊れたまーちゃん』『WOOD JOB！～神去なあなあ日常～』『寄生獣』『さよなら歌舞伎町』『ソレダケ/that's it』『空海-KU-KAI- 美しき王妃の謎』、ドラマ『麒麟がくる』『みんな！エスパーだよ！』『聖☆おにいさん』『ブラッシュアップライフ』『サンクチュアリ -聖域-』『風間公親－教場0－』『CODE―願いの代償―』などがある。大のプロレスファンとしても知られている。

プロレスがわかれば世の中が、
そして世界が見えてくる。

斎藤文彦×プチ鹿島

活字と映像の隙間から考察する

プロレス社会学のススメ

司会・構成：堀江ガンツ　撮影：橋詰大地　写真：©WWE

第51回

キミは『レッスルマニア40』を観たか

世界最大のプロレスイベント・WWE『レッスルマニア40』が、4月6日―7日の2日間、アメリカ・フィラデルフィアのリンカーン・ファイナンシャル・フィールドにのべ15万人の大観衆を集めて開催された。

記念すべき40回目となった今年のレッスルマニアは、ハリウッドで俳優として大活躍しているドウェイン・ジョンソン――「ザ・ロック」が電撃復帰を遂げ、コーディ・ローデスがローマン・レインズに勝利してWWE新時代の到来を告げた。

そして我らがブル中野が殿堂入り！　今回はブル様と一緒に現地入りしていたフミさんの貴重な土産話とともに、トリプルH新体制のWWEが我々に伝えたかったメッセージを検証してみよう。

「WWEの表舞台からビンス・マクマホンの影を消し去るためのトリプルHとロックの二枚看板の物語が始まった」（斎藤）

――今回はフミさんが『レッスルマニア』帰りということで、世界最大のプロレスの祭典から見えてきたものを語っていけたらと思っています。

鹿島　これは贅沢なページですね。現地で観てきたフミさんのリポートを直に聞けるわけですから。

――フミさんはWWE殿堂入り式典でも最前列のCMパンクの隣に座っている姿が、全世界に放送、配信されたくらいの人ですからね（笑）。

鹿島　そんなVIPの方と、我々は喫茶室ルノアールで同席できるという（笑）。

斎藤　やめてください（笑）。今回、ボクはWWE殿堂入りをしたブル中野さんのファミリーフレンドとして、ブルさんにアテンドする形でフィラデルフィアへ行ったので、プレス申請ではなかったんですね。それで式典では最前列に座らせてもらって、ホテ

ルも選手やその家族と一緒だったんです。マリオットホテルまるごとWWE貸し切りでした。
鹿島　マリオット貸し切りですか。さすがですね。
——ボクなんか5年前にニューヨーク（ニュージャージー州メットライフスタジアム）で開催された『レッスルマニア35』を取材で行ったとき、マンハッタンのホテルがあまりにも高くて、ホステルに泊まりましたからね（笑）。
斎藤　じゃあ、ほかのバックパッカーと同室で？
——そうです。細い簡易ベッドがあるだけの2畳の部屋で、もちろんバス、トイレは共同です。部屋に鍵はついてるけど天井は空いていて、ネットカフェみたいなもんですね。それでも1泊100ドルでしたから。1週間いたら1泊おまけしてくれて600ドルでした（笑）。
鹿島　もうなかなか海外に行けないですよね。逆になぜ外国人旅行者が大量に日本に来るかがわかるという。
斎藤　ボクが今回泊まったホテルはWWEの関係者貸し切りで、それぞれの入り口ドアに、ファンがもぐり込んでこないように〝関所〟がありました。スーベニアとして記念に持ち帰れる『レッスルマニア』のロゴがプリントされたカードキーを携帯していないとロビーも歩けない状態でした。
鹿島　それぐらいしっかりしているってことですね。
斎藤　ホテルの廊下で中邑真輔とバッタリ会いました。同じ階に泊まっていたんで。今回の殿堂入り式典は、アスカとカイリ・セインのカブキ・ウォリアーズとイヨ・スカイの3人はドレスアップして出席。ブル中野さんの晴れ舞台を見届けましたが、ヒールの中邑真輔は式典は欠席でした。
鹿島　なるほど。そういうところもしっかりしていて。
斎藤　ウィリアム・リーガル、ジミー・ハート、ポール・エラリングとばったり会えたり、友人のX－パックと一緒に時間を過ごすことができて、凄くよかったです。
——今年は記念すべき『レッスルマニア40』ですから、スペシャルなゲストもたくさん集まっていましたよね。
斎藤　バックステージのレジェンドたちも豪華でした。ボクのすぐ近くでキング・ハクとジェリー・ブリスコ、サンダーボルト・パターソンがずっと立ち話をしていたので、思わず聞き耳を立ててしまいました（笑）。
鹿島　これは聞いておかないといけない（笑）。
斎藤　もうネタが凄すぎて、すべて30年も40年も前の本当のエピソードばかりなので、ボクが脳みそにインプットしてあとでなんらかの方法でアウトプットしていかないともったいない話ばかりでした。
——そして『レッスルマニア40』自体、記念大会にふさわしい完成度でしたね。
斎藤　トリプルH体制になって初の『レッスルマニア』は、親会社TKO取締役で大株主のザ・ロックが2日間にわたって主役クラスの活躍をしました。変な話、WWEの表舞台からビンス・マクマホンの影を消し去るためのトリプルHとロックの二枚看板の物語が始まった感がありました。

鹿島　なるほど。そういう意味合いもあったんですね。

斎藤　このふたりが実権を握ったということが〝現実〟だからこそすばらしいんです。いまから約25年前、90年代の終わりから21世紀初頭にかけてのWWEでビンス・マクマホンがあれだけブレイクしたのは、〝悪のオーナー〟というキャラクターがドラマ上の〝役柄〟ではなくて、ビンス自身が本当に団体オーナーで、その人がリングにも上がってしまう、そのリアリティが世界中のオーディエンスを夢中にさせた。

鹿島　虚実ないまぜ、表裏一体だったわけですね。

「第1回G1で最後のリングに闘魂三銃士だけがいて、猪木も藤波さんも長州さんもいなかったときも新時代を感じた」（鹿島）

斎藤　いまは親会社TKO役員であるロック様と、WWEのコンテンツに関して最高責任者であるトリプルH。どちらのポジションもまぎれもなく本物で、今後のロウとスマックダウンの長編ドラマはまさにそのリアリティがベースになるので、よりディープでギラギラしたものになると思います。

鹿島　エンターテインメントの世界であるWWEが、いちばんリアリティがあるっていう。

斎藤　それから今回、いろいろな方とお会いできておもしろかったのが、ほぼ全員が全員、すでに映画『アイアンクロー』を観ていて、それこそ挨拶がわりに「あの映画、どう思った?」っていう話をしていたことです。

鹿島　いいですね～。おおむねどんな感じでしたか?

斎藤　選手目線ではふたつの意見があって、「映画としてはめちゃくちゃよくできていた」っていうのがひとつ。もうひとつ、みなさんが口を揃えていたのは「ハーリー・レイスとリック・フレアー、あれはもうちょっとなんとかならなかったのか」という意見でした。「あれじゃレイスがただの腹が出た田舎の親父だ、アスリートにさえ見えない」「あのフレアーはなんなんだ、あまりにも安っぽく、薄っぺらだ。あれではストーリーの設定そのものが台なしだ」と。

鹿島　まあ、たしかに。

斎藤　あそこまでちゃんとしたストーリーの映画であるならば、エリック・ファミリーが最終目標としていた（とされる）NWA世界王座を保持するレイスとフレアーの人物像ももうちょっとちゃんと描いてほしかった、というのが共通した見解でしたね。

――たしかにNWA王者はエリック兄弟の敵役ですけど、『ロッキー』におけるアポロ・クリードや、『あしたのジョー』におけるホセ・メンドーサのような、世界王者としての威厳は感じられなかったですね。

斎藤　「父フリッツ・フォン・エリックが家族を不幸にしてまで追い求めたチャンピオ

Lincoln Financial Field

ンがこの程度の人物なのかよ」という違和感を持ったと。しかし、あくまでもエリック兄弟の物語を描きたかったショーン・ダーキン監督のなかでは、フレアーとレイスの優先順位は低かったのでしょう。

――そういえばターザン山本さんも同じことを言っていましたね。映画のなかのブロディやフレアーはなんとなく似ているが決定的に違うと。本物のブロディ、フレアーの圧倒的存在感をあらためて認識させられた。プロレスラーは凄いって。

鹿島　いいですね。世界中で本物の〝プロレス警察〟が発動していて（笑）。

斎藤　そういえば今回、ジミー・ハートさんがひとりでウロウロしていて、いつも一緒だったハルク・ホーガンの姿は見えませんでしたね。

――ホーガンは『レッスルマニア・ワールド』っていう、巨大ファンイベント会場には来ていたみたいなんですよ。そこでミート&グリートなんかのファンサービスをして。

斎藤　あっ、出番はあっちだったのね。

――今年は「ハルカマニア」40周年でもあるので、『レッスルマニア』にもオープニングとか、なんらかの形で出るかと思ったのに出なかったのは、やっぱりホーガンって、ビンスの１９８４年体制の象徴じゃないですか。そして今回の『レッスルマニア』は新時代をアピールして、〝脱ビンス〟が裏テーマだから、あえて出さなかったのかなと。

斎藤　現在進行形のＷＷＥの権威としてロックとトリプルHがいて、『レッスルマニア40』２日目のメインでは、ローマン・レインズvsコーディ・ローデスのタイトルマッチにジョン・シーナやアンダーテイカーまで乱入してきたでしょ。そうすると、ホーガンをレイアウトするところがない。いわば、そこにいてはいけない人でしょう。日本のプロレスにたとえるならば、闘魂三銃士世代、長州、藤波がゲストで登場してくるならいいけれど、アントニオ猪木さんがいきなり出てきちゃったら、世界観自体が変わってしまうような、そういう状況ですよね。

鹿島　第1回『G1クライマックス』で最後のリングに闘魂三銃士だけがいて、猪木さんも藤波さん、長州さんもいないことで、新時代を感じたようなものですかね。

斎藤　プロレス団体には耐久年数みたいなものがあるようで、過去の実例からもそれはだいたい30年程度と言われているんです。そう考えると、ＷＷＥもビンス体制が約40年続きましたから、数年前からすでに変わらなければいけない時期に来ていたのでしょう。企業としての形態は変わりましたが、ＷＷＥのロゴと絶対的なブランド性は残されて、凄くいい形でトリプルH体制に引き継がれたのではないかと感じます。

「ＷＷＥスーパースターたちはプロレスというジャンルに誇りと自信をもっていて、その歴史と伝統を重んじている」（斎藤）

――フミさんも列席されたＷＷＥ殿堂入り式典はいかがでしたか?

斎藤　今年度も素晴らしいメンバーが揃いましたね。あのモハメド・アリも殿堂入りして。アリはすでに亡くなっているので本人がいないのは当然ですけど、ちゃんとアリ夫人が来ましたからね。そして、その事実をちゃんとプロレスのストーリーに変換して、アリ夫人がロックに「ピープルズ・チャンピオン」の新しいチャンピオンベルトを手渡した。このベルトの防衛戦をするかどうかはわからないけれど、WWEの統一ユニバーサル王座と世界ヘビー級王座という2本の権威あるベルトのほかに、ロック様が持つ「ピープルズ・チャンピオン」という別格のベルトがもう1本加わった。これによってロック様は事実上、リング上でも両チャンピオンと同格かそれ以上にレイアウトされる、ということでしょう。

——新しいベルトを作るのに、ちゃんとプロレスらしい権威づけをするのがいいですよね。かつて猪木さんがカール・ゴッチから「実力世界一」のベルトを受け継いだり、Uインターがわざわざルー・テーズを連れてきてプロレスリング世界ヘビー級王座を選定したように、これはモハメド・アリ家が認める「ピープルズ・チャンピオン」ベルトだという。

鹿島　儀式をしっかりやるっていう（笑）。

——新日本でも30年くらい前に「グレーテスト18クラブ」のベルトが新設されましたけど、いちいち「お手盛りじゃないよ」ってやるのは重要だと思います。

斎藤　それは大切なことです。ロックはこの日、大サービスというかフル回転で式典を仕切って、アリの殿堂入りのスピーチをして、それから自分のおばあちゃんであるリア・メイビアさんの殿堂入りでもスピーチをした。

——そういう凄いメンバーのなかでブル様が殿堂入りして、フミさんがCMパンクと一緒に映っていたのは、素晴らしいですよ（笑）。

斎藤　『ホール・オブ・フェーム』はスピーチの順番が事前に発表されていなかったんですね。それでボクは最初からリングサイドに座っていたんだけど、ポール・ヘイメンのスピーチのときに、急にCMパンクが隣に座ってきたんです。

——あのとき、ボクはABEMAでWWE殿堂入り式典生放送の解説をやっていたんですけど、スピーチ中は同時通訳するため出番がないので、速攻で「いまフミ斎藤さんがCMパンクと並んで最前列に座っている姿が映った」って、SNSに書き込んじゃいましたよ（笑）。

斎藤　それだったらまだいいんだけど、アメリカのプロレスマニアはボクとロッシー小川さんを見間違えて、「CMパンクの隣にロッシー小川が座ってるぞ」っていう書き込みがもの凄いスピードで拡散されちゃったんです（笑）。

鹿島　ワハハハハ！　全然似てませんけどね（笑）。

——そんなお騒がせもありつつも、ブル様の殿堂入りはやっぱり感動しましたね。

斎藤　トリプルH体制初の『ホール・オブ・フェーム』で殿堂入りというのもタイミング的に凄くよかったと思います。ブル中野はウィメンズ・ディヴィジョン（女子部門）

におけるトレイルブレイザー、つまり〝開拓者〟ということで、ブル中野さんの紹介映像のなかにはアスカ、イヨ・スカイ、カイリ・セインの日本人女子レスラーの現在の試合映像も使われていて、イヨ・スカイのケージ最上段からのムーンサルトとブル中野の金網の上からのギロチンドロップ映像がオーバーラップしたり、「ブル中野の活躍があっていまがある」というデザインになっていて、グレードの高さを感じました。

――全女の試合映像もちゃんと使っていたことにも感心しましたね。

斎藤　全女の東京ドーム大会の映像も流れたし、WWE時代の試合では1994年のアランドラ・ブレイズ（メドゥーサ）戦だけでなく、1986年にクラッシュ・ギャルズとともに18歳だったブル中野がダンプ松本とのコンビでマジソン・スクエア・ガーデン定期戦に出場したときの映像もちゃんとピックアップされていました。

鹿島　WWEの映像アーカイブは恐ろしいですね。

斎藤　中野さんは向こうでもとことんリスペクトされていましたね。殿堂入り式典のときは、インダクティーのプライベート・ドレッシングルームが用意されていたんだけど、いろんな人が挨拶や「おめでとう」を伝えにやってきて、みんな中野さんと記念撮影しようとするんです。CMパンクも来ましたね。「写真撮っていいですか？」みたいな感じで。

――ブル中野の存在は、CMパンクすらミーハーにさせてしまうんですね（笑）。

斎藤　WWEスーパースターって、意外にというか、そのへんが正直というか、自分が子どもの頃からプロレスの大ファンだったことを隠さないんですね。むしろ、どれだけ自分が大ファンだったかをアピールしまくるくらいで。プロレスというジャンルに誇りと自信をもっていて、その歴史と伝統を重んじている。それは素晴らしいことだと思いましたね。

「セミファイナルを日本の女子プロレスラー（イヨ・スカイ）が務めた。やっぱり、それだけステータスが上がっているわけですね」（鹿島）

――そして、なんと言ってもブル中野さんのWWE殿堂入りスピーチが素晴らしかったですよね。すべて英語でカンペも読まずにスピーチして、しかも言葉の意味によってちゃんと表情を変えて、気持ちが伝わるように表現していた。

斎藤　中野さんの英語でのスピーチは現地でもスタンディング・オベーションが起こっていました。また「来世というものがあるなら、私はまたブル中野になって、またプロレスをやります」という言葉も神々しかったと思います。

――ボクは殿堂入りが発表された直後にブル様のインタビューをしたんですけど、そのときから「すべて英語で暗記してスピーチします」っていうことは聞いていたんですよ。ブル様って本当に完璧主義者で、2012年に引退式をおこなった際も50キロ代だった体重を現役時代の100キロにわざわざ戻したくらいの人じゃないですか。だから感謝の気持ちをちゃんと世界中の人に伝えるために、必死で覚えたんでしょうね。

斎藤　中野さんは、普段の会話では「あっ、どうしよう、どうしよう」って普通に焦ったり、自信なさそうな顔をするときがありますよね。でも本番にめちゃくちゃ強い人ですよね。『ホール・オブ・フェーム』の式典でステージに立ったら、もう完全にブル中野の堂々たる風格を見せてくれた。

鹿島　凄い人だなあ。

斎藤　ブル中野がWWEでアランドラ・ブレイズと闘っていたのは、もう30年前のことです。当時、中野さんは全女を卒業して、フリーの立場でメキシコのCMLLに行って、それからWWE入りしたんですけど、あの当時まだ26歳。「貫禄ありすぎない?」って思いますよね。

――ボクが先日インタビューしたとき、その前に中野さんはSareee選手とYouTube撮影をしていたんです。それが終わってボクが話を聞くとき、「いまSareeeが来ていて、もう若いから肌がピチピチでホントにかわいくて」みたいなことを言っていたんですけど。ボクが「でも、いまのSareee選手は、中野さんがWWEに行っていたときと同い年ですよ」って言ったら、もの凄く驚いてました（笑）。

斎藤　26歳のブル中野は本当に貫禄があったし、赤いベルト（WWWA世界シングル）を初めて腰に巻いて全女のトップに立った時点ではまだハタチだった。早熟でした。

――半刈りにしてダンプ松本の正パートナーとして、毎週、ゴールデンタイムのテレビに出始めたのが17歳ですもんね。

斎藤　トリプルHもVHSビデオでブル中野の試合をよく観て知っていました。トリプルHやポール・ヘイメンなど、いまバックステージでプロデュースや制作に関わっている人たちのほとんどはビデオ直撃世代なので、ブル中野さんへのリスペクトがめちゃくちゃ凄かったです。

――〝ヒットマン〞ブレット・ハートがWWE王者だった時代の女子王者ですもんね。そして30年前のブル様も凄いですけど、今年の『レッスルマニア40』でWWE女子王者としてタイトル戦をやったイヨ・スカイも素晴らしいですよね。

斎藤　イヨ選手の試合が組まれたのは、2日目のメインのローマン・レインズvsコーディ・ローデスという大トリ中の大トリのひとつ前。大変なポジションです。

鹿島　日本風に言うとセミファイナルを日本の女子プロレスラーが務めたと。やっぱり、それだけステータスが上がっているわけですね。

斎藤　WWEはメインロースターだけで100～150人いると言われるなかで、『レッスルマニア』に出場できるのはせいぜい40人弱です。そのラインナップに名前があるだけでも凄い。大多数の選手は試合がないのですから。

――中邑真輔の試合も今年は組まれませんでしたからね。

斎藤　それでも中邑選手は『レッスルマニア40』翌日のロウには出ていましたね。

――NXT王者のイリア・ドラグノフに負けてしまいましたけどね。

斎藤　まあ、相手はいま売り出し中の選手だから。

――そういう選手を上げるのも重要な役割のひとつで。

斎藤　だから中邑選手はロウに主要人物のひとりとして出続けているし、番付そのものはそれほど落ちていない。

『レッスルマニア40』は、コーディ・ローデスが新体制・新時代の正真正銘のスーパースターになった大会としてずっと語られていく」（斎藤）

鹿島　中邑選手はWWEに行ってもう何年ですか?

――2016年4月にNXTデビューですから、もう丸8年ですね。

鹿島　それは凄いですよね。

斎藤　それこそが実績です。そのあいだ、ずっとメインロースターから落ちずにトップグループにいるわけだから。いまはタイミング的にタイトルには絡まない位置にいるけれど、連続ドラマの登場人物ではあり続けるでしょう。

――そして今回の『レッスルマニア40』は、〝史上最大のレッスルマニア〞という文言で煽られてきましたけど、それが誇張じゃないくらいのスーパーイベントでしたね。

斎藤　『レッスルマニア』は2021年から2日間開催になって、会場もアリーナじゃなくて、アメフトのスタジアム。今回も2日間で約15万人を動員しました。

鹿島　スケールが違いますよね。

斎藤　そして、その2日間で主役を務めたコーディ・ローデスが、新体制・新時代の正真正銘のスーパースターになった大会として、今後も語られていくことでしょう。

――ボクが今回の『レッスルマニア』を観て感じたのは、長く続いたビンス時代をちゃんと終わらせて、新しい時代のWWEが始まった瞬間を観たなってことなんですよ。日本に置き換えると、猪木さんが

1989年に参議院議員になって現場から退いたことで〝昭和のプロレス〟が終わって、1990年からは新しい〝平成のプロレス〟にガラリと変わったじゃないですか。

鹿島　新日本は闘魂三銃士、全日本は四天王が主役になって一気に若返りましたよね。

――ボクは新日本の新時代は、1990年4・27NKホールの武藤敬司凱旋から始まって、全日本は1990年6・8日本武道館で三沢光晴がジャンボ鶴田に勝ったときから始まったと思ってるんですけど。今回、2日目のラストでコーディ・ローデスが新王者になって、サミ・ゼインとジェイ・ウーソに担がれるシーンを観て、三沢が鶴田に勝って、川田利明、小橋健太に担がれるシーンが本当にオーバーラップしましたよ。

鹿島　あれはいいシーンでしたね。普段、あまり感情を出さない三沢さんが涙を流して。WWEでもそれが起こったと。

斎藤　今回は、コーディが父ダスティ・ローデスさえも成しえなかったWWE王座を獲得し、親子2代の物語を完結させたわけですけど、そのストーリーにはちょっとだけ歴史修正的な部分があるんです。WWE史観では〝アメリカン・ドリーム〟ダスティ・ローデスは大人気を誇ったレジェンドだけれど、世界一のベルト、つまりWWE王座には手が届かなかった、ということになっているんです。でも〝世界最高峰NWA〟という当時の歴史観点からみれば、いや、ダスティ・ローデスはNWA世界王者に3度もなっていますよ、となる。

鹿島　そうなりますよね。ハーリー・レイスとリック・フレアーとダスティ・ローデスの3人で回していたような。

斎藤　でも、WWE（当時のWWWF、WWF）王者になっていないこともまたたしかなので、今回は息子のコーディと父ダスティ、そしてコーディのお母さんの物語であり、ローデス家のライフワークが成就したということです。

――その物語をファン（WWEユニバース）が完全に共有しましたよね。そこがプロレスにとっていちばん大事だと思うんですよ。

鹿島　ファンがその世界に入り込んでいるわけですもんね。

――ファンタジーであっても、その世界に入り込んでしまえば、それは〝本当のこと〟ですから。

斎藤　今後の展開としては、コーディはベビーフェイスのチャンピオンだから、ヒールで長期政権を築いたローマン・レインズ時代とはまったく登場人物が異なる展開になっていく。ただ、コーディの物語はひとまずハッピーエンドで完結しましたが、その続きもちゃんとあって、次なるドラマではコーディvsロックが実現するだろうし、ゆくゆくはロックとレインズが別れて、ロックvsレインズが『レッスルマニア』のメインにラインナップされることはあるでしょう。近未来に向けて、いろいろな種が蒔かれた印象はありますね。

「世界最大のプロレス団体なのに〝プロレス〟という言葉を使ってはいけなかった。そんな呪いも解かれた新時代がやってきた」(鹿島)

鹿島　物語が終わっても、もう次が始まっていて、ずっと続いていくわけですね。

斎藤　『レッスルマニア』翌日のロウは新シーズンのプレミアで、すでにここから新しい物語が始まっています。

――でも、今回の『レッスルマニア』が歴史的転換であることは間違いないですよね。ビンス・マクマホンという、これまでWWEというコンテンツに対して絶対的な権限を持っていた人が、完全にいなくなったわけですから。

斎藤　しかも引退ではなくて、プロレスではない外側のスキャンダルによる事実上の失脚でした。

――日本でもジャニーズのような巨大エンターテインメント企業で絶対的な権力を持っていた人が大スキャンダルに見舞われましたけど、なかなか問題と正面から向き合って、新たな一歩を踏み出せずにいるじゃないですか。でもWWEはビンスといえども完全に消えるというのは、このへんも進んでいるのかなと。

斎藤　それはWWEがプライベートカンパニーではなく、UFCと合体してTKOという巨大企業になって株式上場したこと、公共性が高いことが大きいと思います。

鹿島　これは吉本とジャニーズも合併したほうがいいかもしれないですね(笑)。

――向こうは今回、ビンスがやったとされることに対して非難は集まるけど、ビンスの功績自体は否定しないじゃないですか。でも日本だとなぜかそうならないんですよね。

鹿島　ごちゃ混ぜにしちゃいますもんね。

――でもWWEはちゃんとビンスの功績、WWEの歴史は尊重しつつ、会社組織としては刷新して。ビンスの色を消して新しいものを作っていこうとしている姿勢が、ちゃんとしているなって思いました。

斎藤　ビンスの色を消すというのは、すでに具体的にいろいろと進んでいるんです。たとえば、これまでWWEのTVショーでは「プロレス」や「プロレスラー」という言葉は、事実上NGワードだった。

――「プロレス」ではなく「スポーツエンターテインメント」で、「プロレスラー」ではなく「スーパースター」ですよね。

斎藤　でも今年に入ってからWWEでは「スポーツエンターテインメント」という〝ビンス用語〟は綺麗に抹消され、現在は「プロフェッショナルレスリング」「プロフェッショナルレスラー」という単語が番組内で使われている。

――ロック様が勝手に言い出したような感じにして、なし崩しになりましたよね(笑)。

鹿島　世界最大のプロレス団体なのに「プロレス」という言葉を使っちゃいけなかったというのがおもしろいですね。

斎藤　ビンス自身が「プロレス」という言葉にトラウマがあって悩んでいたから、「WWEはプロレス以上のものであり、スポーツエンターテインメントなんだ」というロ

ジックだったのです。

鹿島　なんかUWFが「プロレス」ではなく、わざわざ「プロフェッショナルレスリング」と呼ばせてたのにも似てますね。そこには、どこか「プロレス」という言葉に対する後ろめたさみたいなものがあって。

——「八百長」や「フェイク」と揶揄された過去が呪いとなっていた部分があるんでしょうね。

斎藤　でも、いまは堂々と「プロレス」のなんたるかを語り、プロレスそのものの素晴らしさを世界中に提示していこうというのがトリプルH体制の新しいWWEなのでしょう。それは凄くいいことだと思います。

鹿島　呪いが解かれた新時代でもあるわけですね。

斎藤　歴史と伝統を尊重しつつ、新たなものを創出していこうとしているWWE。やっぱり、絶対的なワールド・リーダーです。

プチ鹿島
1970年5月23日生まれ、長野県千曲市出身。お笑い芸人、コラムニスト。大阪芸術大学卒業後、芸人活動を開始。時事ネタと見立てを得意とする芸風で、新聞、雑誌などを多数寄稿する。TBSラジオ『東京ポッド許可局』『荒川強啓 デイ・キャッチ！』出演、テレビ朝日系『サンデーステーション』にレギュラー出演中。著書に『うそ社説』『うそ社説2』（いずれもボイジャー）、『教養としてのプロレス』（双葉文庫）、『芸人式新聞の読み方』（幻冬舎）、『プロレスを見れば世の中がわかる』（宝島社）などがある。本誌でも人気コラム『俺の人生にも、一度くらい幸せなコラムがあってもいい。』を連載中。

斎藤文彦
1962年1月1日生まれ、東京都杉並区出身。プロレスライター、コラムニスト、大学講師。アメリカミネソタ州オーガズバーグ大学教養学部卒、早稲田大学大学院スポーツ科学学術院スポーツ科学研究科修士課程修了、筑波大学大学院人間総合科学研究科体育科学専攻博士後期課程満期。プロレスラーの海外武者修行に憧れ17歳で渡米して1981年より取材活動。『週刊プロレス』では創刊時から執筆。近著に『プロレス入門』『プロレス入門II』（ビジネス社）、『フミ・サイトーのアメリカン・プロレス講座』（電波社）、『昭和プロレス正史 上下巻』（イースト・プレス）、『猪木と馬場』（集英社新書）などがある。

タレント

まつきりな

“ビジネス・プ女子”とは
絶対に言わせない。
『レッスルマニア 40』を
現地観戦したまつきの
興奮と熱狂が伝わりすぎる
帰国直後インタビュー!

「レッスルマニアを
生で観て確信しました。
どんなドラマよりもおもしろい!
ABEMA がさらにがんばってくれれば
絶対に WWE は日本でも流行る!
プロレスファンだけじゃなく、
クリエイターとか業界の人が
観てもびっくりすると思う。
私は観てみて人生が変わったというか、
新しい私が生まれた!!(笑)」

収録日:2024 年 4 月 14 日　撮影:タイコウクニヨシ
写真:©WWE　聞き手:堀江ガンツ

WOMEN'S UNDISPUTED CHAMPION

「いろんな意味でヤバかった！　WWEが流行っていないのは日本だけって本当だったんだって思いました（笑）」

――『レッスルマニア40』現地観戦、お疲れさまでした！

まつき　ありがとうございます。めちゃくちゃ楽しませてもらいました！　ガンツさんもABEMAの解説、お疲れさまでした。

――はい、クタクタです。まつきさんがフィラデルフィアではしゃいでいるのを尻目に、我々実況陣はスタジオにこもりっきりのレッスルマニア・ウィークを過ごさせていただきましたから（笑）。

まつき　もう、帰国後みんなに会うのが怖いと思っていたんですよ（笑）。プロレス観戦歴が浅いなかでレッスルマニアを生で観させていただいて、いろんな意味でヤバかったです！

――まつきさんは、プロレスを見始めて何年ですか？

まつき　2年半くらいだと思います。

――ノア中継のゲストで来る前は、ご自身の生活のなかにプロレス要素はなかったんですか？

まつき　まったくなかったです。お父さんが観ていたわけでもないし、格闘技どころかスポーツも全然観たことがなくて。本当にスポーツで最初に観たのがプロレスなんです。

――じゃあ、最初にプロレス中継のゲストという話が来たときはどう思いました？

まつき　詳しいことは言えないし、どうしたらいいんだろうって。プレッシャーも凄くて。でもABEMAやノアさんから「素直な素人意見が聞きたい」みたいな感じで言っていただけたので、やりやすかったです。

――そこから、あっという間にレギュラーみたいになりましたよね。

まつき　まさか自分がこんなにプロレスにハマるとは、2年前は思いませんでしたね。最初はぶっちゃけ、「好きにならなきゃ」っていう気持ちもあったんですけど、ビジネスにとどまらず本当にハマってしまって。2年ちょっと前までは何も知らなかった素人をここまで引き込むプロレスって凄いなって思いました。

――なんの予備知識も先入観もなく、まっさらに見られたのがよかったのかもしれないですね。

まつき　だから最初のときは変に予習もせずに行ったんですよ。素の反応が求められているのに、調べていくのは違うかもと思って。だから楽しかったのかもしれない。ライトがパッと光る入場だけで「うわー！」みたいになっていたんで、無知すぎて逆によかったと思って（笑）。そもそも私は、アイドルとかにもハマったことがないんですよ。

——そうなんですか。

まつき　推し活をしている友達が楽しそうにしているのが羨ましかったんですけど、こういう感覚なのかって思って。いまは推しがひとりに決められなくて困るくらいになりましたね。いい選手いっぱいおるやん、みたいな（笑）。

——そうなってプロレス愛が深まったところで、WWEというまた日本とは違うスケールのプロレスに触れてみていかがでしたか？

まつき　私は去年の10月、ABEMAで放送が始まってから初めてWWEを観たので、まだどれぐらい凄いのかはわかっていなかったんですよ。今回、ABEMAさんのレッスルマニアの事前煽りで、レイザーラモンRGさんが「世界でWWEが流行っていないのは日本だけ」みたいなことを言っていた動画もYouTubeで観たんですけど、私のなかでは正直、「言うても海外でもニッチな人が好きなジャンルなんじゃないの？」と思っていたんです。

——芸人さんが大袈裟に言ってるだけだろうと（笑）。

まつき　でも実際にレッスルマニアに行ってみて「本当にまだ日本だけ流行ってないんだ！」って思いました。もうフィラデルフィアの街中が夢の国みたいで、街中でみんなWWEのTシャツを着ていて、レッスルマニアの旗がいたるところにあったりとか。文化として根づいていることにカルチャーショックを受けましたね。

——アメリカでレッスルマニアよりも規模が大きなスポーツイベントは、NFLのスーパーボウルだけとも言われてますからね。日本では大谷翔平選手の報道一色って感じですけど、むしろアメリカを含む世界ではMLBより知られているっていう。

まつき　認知度が凄くてびっくりしました。逆に「なんで日本ではあまり知られていないんだろう、宣伝が下手なのかな？」とか思っちゃって（笑）。

——日本の広報マーケティング担当、しっかりしろと（笑）。

まつき　今回、日本からフィラデルフィアに一瞬でポンッと行くような動画をインスタグラムに載せたんですよ。そうしたら「なんで安全な日本から、フィラデルフィアみたいな治安のよくない街に来たんだ？」みたいな感じで、海外の方からけっこうバズったんです。それで「WWEのレッスルマニアを観に来た」っていうのを載せたら、「おお、やるじゃないか」「楽しんで」みたいな反応がいっぱい来て、すぐわかってくれたんです。それぐらい認知されてるんだって思いましたね。

「『レッスルマニア・ワールド』では、その場でWWEスーパースターと同じタトゥーを彫れたりするんですよ」

——入国審査で「何をしにアメリカに来ましたか？」と聞か

れたとき、「レッスルマニアを観に来た」って答えると、すぐにわかってくれて「楽しんで！」みたいに言われますよね。

まつき　そうなんですよ。「ＷＷＥ」って答えたら、「コーディ・ローデスとローマン・レインズはどっちが勝つ？」って聞かれて。「コーディ」って言ったら「ＯＫ！」みたいな（笑）。

――入国審査でメインイベントの予想を聞かれましたか（笑）。

まつき　ビックリしました（笑）。こんなに話題になってるんだって。衝撃でしたね。

――今回、アメリカに行くのも初めてだったんでしたっけ？

まつき　アメリカ本土は初めてでした。初めて行くアメリカがフィラデルフィアって言ったら、まわりのコからは「マニアックだね」って言われたんですけど（笑）。でもレッスルマニアは世界中から観に来てるんですよね？

――今回は世界64カ国から集まったと言われていますね。

まつき　凄すぎますよね。国を挙げてのイベントという感じで、いろんな場面でお金がかかってる感が伝わってきました。経済回してんな～みたいな。レッスルマニアの会場も日本にはないくらい大きなスタジアムだったし。

――向こうのスタジアムはディズニーランドばりに駐車場も広大ですよね。

まつき　そうなんです。その駐車場でみんな昼間からバーベキューをしてるんですよ。自由ですよね。みんな楽しみ方を知ってるなって。

――レッスルマニアは土日の２日間開催ですけど、現地には何曜日に入られたんですか？

まつき　２日前に入って街の感じを見て、金曜日はスマックダウンも観て。そのあいだ観光する時間は一切なく、常にグッズ売り場を見たりとか、１日じゅう、街じゅうプロレスでしたね。

――現地は木曜日くらいからもう、街じゅうプロレスファンだらけだったんじゃないですか？

まつき　そうですね。コスプレしている人とかめっちゃいました。あと『レッスルマニア・ワールド』っていう大きなイベント会場があったんですけど、そこではＷＷＥスーパースターと同じタトゥーをその場で彫れたりするんですよ。「えっ、そんなに軽々しく彫っちゃっていいの？」みたいな。そこもカルチャーショックでしたね。

――ＷＷＥスーパースターとの握手会なんかもありました？

まつき　凄い行列でした。いちばんインパクトがあったのは、２メートル30センチくらいある黒人選手。名前なんでしたっけ？

――オモスですかね。

まつき　そうだ、オモスだ！　オモス選手がずっと座って握手していたんで、「立たないんだ」と思って（笑）。

——立ってほしかった（笑）。
まつき　立ってくれないとあんまり大きさがわからないから、立ってくれるのを待っていたんですけどね（笑）。そのほか、実際にイリミネーション・チェンバーで使った檻が置いてあって、そこで撮影ができたり。グッズ売り場もの凄く広くて、みんな大量に買うからグッズの取り合いなんですよ。
——ボクも現地に行ったABEMAのプロデューサー舟木さんに「Tシャツを買ってきてください」って頼んでおきましたから。
まつき　だからか！　舟木さんが「40枚ぐらい買わなきゃいけない」って言ってて（笑）。
——みんなにおつかいを頼まれてましたからね。仕事で忙しいのに（笑）。
まつき　でも舟木さんがいちばんテンション上がってましたよ。私、舟木さんの写真をめっちゃ撮ってあげてましたもん。試合中、ひとりでわーっと盛り上がってる舟木さんの動画を回したり（笑）。
——それ、立場が逆でしょう！（笑）。
まつき　街中のベイリーの看板の前とかで「写真撮って」って言われて、イェーイって浮かれてる姿を撮ってあげたり。だから私のスマホのなかには舟木さんの写真がめっちゃあるんですよ。
——舟木さん、帰国後そんなこと言ってなかったな～。これは載せます、実名で（笑）。
まつき　現地はスタッフさんもみんな楽しんでました。睡眠時間も少ないからみんなテンション高くて（笑）。

「ファンもあれだけ大きなリアクションをしていたら気持ちいいだろうなって。私も隣の人と肩組んで盛り上がっちゃった」

——まつきさんは、選手のインタビューもされていましたよね？
まつき　イヨ・スカイ選手と、カブキ・ウォリアーズ（ASUKA&カイリ・セイン）のおふたりにインタビューさせていただきました。あと、ジェイド・カーギル選手はノリで「行っちゃおうぜ」みたいな感じで、メディアの個別取材の列に並んでやらせてもらって。カーギル選手は筋肉の肉体美が凄くて、等身大のフィギュアみたいでしたね。
——プロレスリング・ノアには基本的に女子の試合はありませんけど、イヨ選手やカブキ・ウォリアーズといった日本の女子プロレスラーが、レッスルマニアという舞台で活躍しているのを観てどう思いましたか？
まつき　私、日本の女子プロレスは何回か拝見させていただいたことはあるんですけど、まだ女子プロレスラーの推しが見つかっていなかったんですよ。でも今回の凄い活躍を見て、イヨさんという推しができてしまいました（笑）。

——ついに（笑）。

まつき　試合結果は負けでしたけど、「勝ちでしょう」っていうくらい素晴らしかった。あのでっかいステージを自分のものにして、ムーンサルトで7万人を沸かせている姿を観ながら、「えっ、さっきインタビューした人ですよね？」っていう感じで、私のヒーローになりましたね。あの日以来、イヨ選手を携帯の待ち受けにしていますから。

——ボクも映像を通じて観ましたけど、いまや大物感が凄いですよね。

まつき　オーラが凄かったです。これまで、いろんな芸能人の方にお会いしても舞い上がるようなことってあまりなかったんですけど、インタビューのときにイヨ選手が扉を開けて入ってきた瞬間、そのオーラにびっくりしました。あとでマネージャーさんと「あんなにオーラがある人って珍しいよね」って話したくらいで。

——やはり毎週、1万何千人の舞台に立っている人にしか醸し出せない何かがあるんですかね。

まつき　本当にカッコよかったです。取材でも親切でやさしくて、しかも私のインスタをフォローしてくれたんですよ。「えー!?」みたいな。さらに大好きになりましたね。私は芸能人でミーハーになったことはないんですけど、イヨ選手の前ではさすがにミーハーになりました（笑）。

——レッスルマニアの2日間では、ほかに何が印象に残りましたか？

まつき　いちばん印象に残っているのはお客さんの反応ですね。自分の席で盛り上がるだけじゃなく、飲み物を買ったりする通路で見知らぬファン同士がすれ違いざまに「イェーイ！」とかやってるんですよ。その姿を見て「これ、日本でもやりたい！」って思ったり（笑）。

——それぐらいのテンションだったら、もっとプロレスが楽しめるでしょうね。

まつき　会場は屋外スタジアムなんですけど、初日はめっちゃ寒かったんですよ。

——5℃とかだったんですよね。

まつき　それなのに会場の盛り上がりと熱気で、半袖の人がめっちゃいるんです。なんか盛り上がりすぎて、ちょっとおかしくなってるんじゃないかって（笑）。

——歓声の大きさとかにもビックリしたんじゃないですか？

まつき　あんなに大勢でみんな一斉に大声が出るもんなんですね。私の目の前にでっかい外国人の方が座っていて、巨大なポップコーンとかむしゃむしゃ食べながら観ていたんですけど、凄い技が決まったりすると、そのポップコーンを放り投げそうな勢いで全身で盛り上がるんですよ。あれだけ大きなリアクションをしていたら気持ちいいだろうなって。私も隣の人と肩組んで盛り上がっちゃったりして。

――郷に入れば郷に従えとばかりに（笑）。

まつき　私の隣の方が、メキシコ人でWWEのスペイン語リポーターをされている方だと思うんですけど。その方に「コーディとレインズ、どっちを推す？」って聞かれて「レインズ」って言ったら、「マジ？　私も！」ってなって「イエーイ」って一緒に盛り上がったりして。最初はその方は一般人だと思っていたら、インスタをフォローしてみたらフォロワーが900万人もいる方でびっくりしました（笑）。

――世界中のいろんな有名人が集まっているわけですよね。

まつき　あと印象に残ったのは、いろんなスーパースターの入場シーンですね。ダンサーの方がズラーッとたくさん出てきたり、生演奏で入場される方がいたり、ライティングや花火（パイロ）も凄くて、夢のなかにいるみたいでした。帰国後、「あれは現実だったのかな？」って思うくらいで。

――そのへんが日本のプロレスとはだいぶ違いましたか。

まつき　でもシカゴで乗り換えのとき、外国人でタイチ選手のTシャツを着ている人がいたんですよ。白人の方なんですけど「えーっ！　なんで？」と思って。

――きっとレッスルマニア・ウィークに行く人ですね。

まつき　乗り換えで、同じフィラデルフィア行きの飛行機に乗ってました。

「これまではノアを中心に観てきましたけど、これはWWEにも完全に乗っちゃいます。もう仕事の域にいられなくなってきた！（笑）」

――レッスルマニアには、本当に世界中のプロレスマニアが集結するんですよ。しかも、レッスルマニア・ウィークはWWEだけじゃなくて、いろんなインディー団体がその街でたくさん興行をやっていて、濃いマニアはそっちをハシゴする人が多くて。

まつき　そっちも観たかったな。フィラデルフィアでDDTがやってるって聞いたから、行こうとしたんですよ。時間が合わなくて行けなかったんですけど。

――レッスルマニアは、WWEだけじゃなく、あらゆるプロレスが観られる楽しみがありますよね。だからレッスルマニアに一度行くと、「来年も」ってなるんですよ。

まつき　来年も行きたい！　もう、いまから行きたい気持ちになっています（笑）。私、大きいスーツケースを持っていなくて、そんなに大きくない鞄を持って行ったんですよ。お土産もTシャツくらいなら入るでしょと思っていたんだけど、買いたいものが多すぎて全然入りきらないから反省しました

docomo
4G 80
上にスワイプしてロック解除
14:30
おやすみモード

ね。次に行けるときのために、大きいスーツケースを買おうと思いました。

——もう来年も行きたくなってるんですね（笑）。今回のレッスルマニアはめちゃくちゃおもしろかったんで、まつきさんはいいときに行ったと思いますよ。

まつき　それはアメリカでも言われました。長年、WWEを観ているABEMAの方に「いきなり1回目から当たり回だね」って。私は今回が初めてだったので、当たりハズレはわからないけれど、ストーリー的にも完璧で「1回目から最高なものを観ちゃって、この先大丈夫か？」って言われて、不安になるくらいで。

——プロレス史に残るレッスルマニアだったと思いますよ。

まつき　ちょうどWWEが新時代になる始まりのときだったんですよね。「この先、10年は自慢できる」って言われて、「凄いときに来たんだな」って思いました。

——リング上のチャンピオンが、ローマン・レインズからコーディ・ローデスに変わっただけじゃなく、裏のトップも40年以上最高権力者だったビンス・マクマホンがいなくなり、トリプルHがトップに変わった大会でしたからね。

まつき　2日目の最後、走馬灯のようにいろんな昔のスーパースターが出てきたじゃないですか。

——ジョン・シーナ、ザ・ロック、さらに引退したアンダーテイカーまで出てきましたね。

まつき　私はWWEを観始めて半年なので、過去の人に詳しいわけじゃないから、「えっ、どういうこと!?」って思っていたんですけど。ABEMAで解説されているもりおさんに横でいろいろ教えてもらって、「それはめっちゃおもしろい！」って思いました。

——きっと、もりおさんも興奮していたでしょうね。

まつき　そうそう。「とんでもないことが起きてる！」って。大人がみんな子どもになってました（笑）。

——日本のABEMA実況席も、実況・解説そっちのけで「ウォー！」「すげー！」しか言ってなかった気がします（笑）。

まつき　帰国してからABEMAのPPVも観たんですけど、みんな叫んでましたよね。古坂大魔王さんとか凄かったです（笑）。

——レッスルマニアの生放送終了後、ABEMAの放送チームは「来年は現地から実況中継できるくらい番組の力をつけたい。そのためにもがんばろう！」っていうことを、みんなで話していました。

まつき　フィラデルフィアでも「もっと観る人を増やしたい」って言ってましたよ。

——今回のレッスルマニアを観ちゃったら、「このおもしろさは、日本でももっともっと知られるべきだろう」って思っちゃいますよね。

まつき　本当にそう思います！　実際問題、なんで日本ではそんなに観られていなかったんですか？　昔を知らないので、不思議なくらいなんですけど。

——まあ、放送環境がなかなか定まらなかったり、言葉の壁があるので字幕をつけるためにかなりタイムラグがあったりと、いろいろ理由はあるんですけどね。でも昨年10月からABEMAでロウもスマックダウンも即日で字幕つき、日本語実況つき、しかも無料放送で観られるようになったので、これからWWEにハマる人はどんどん増えていくと思います。

まつき　じゃあ、ここからなんですね。私はレッスルマニアを生で観て確信しました。ABEMAががんばって入り口を開いてくれれば、WWEは絶対に流行る！　日本でも流行らないとおかしいですよね。あんなに凄いストーリーで、どんなドラマよりもおもしろいと思うんですよ。プロレスファンだけじゃなく、クリエイターとか業界の人が観てもびっくりすると思う。

——あれだけのドラマを毎週、1万人以上の観客を前にライブでやっているわけですからね。WWEスーパースターは凄いですよ。

まつき　これまでノアを中心に観てきましたけど、これはWWEにも完全に乗っちゃいますよね。私はプロレスへの入りが中継のゲストという仕事だったので、「プロレスが好き」って言っても「仕事じゃねえか」って言われちゃうこともあるんですけど、もうその域にいられなくなってきた！（笑）。

——〝ビジネス・プ女子〟じゃねえぞと（笑）。

まつき　そう！　もうさすがに言わせねえぞ！って（笑）。それぐらいプロレスにハマってきちゃいましたね。

「日本って堂々と『プロレスが好き！』って言えなくさせている何かがありますよね。もうイライラしてきた！（笑）」

——ABEMAではレッスルマニア開催前、「観れば人生が変わる」っていう売り文句で宣伝していましたけど、まつきさんは人生変わりました？

まつき　変わったというか、新しい私が生まれた感じ（笑）。それぐらい変わりましたね。これまで海外にもほとんど行ったことがなかったんですけど、これを機に英語の勉強をしようと思いましたから。

——おー、そう思うきっかけにもなりましたか。

まつき　今回のレッスルマニアでも、英語ができたらもっといろんな人にインタビューできたのになって思ったんですよ。AJスタイルズとかにも話が聞きたかった。あとはノアにもいい外国人選手がいっぱい来ているので、英語ができればイ

ンタビューする機会があるはずなのにできないのは悔しいなと思ったし。だから今後は、英語の実況でWWEを観てみようかなって（笑）。

――ABEMAは現地の英語実況も聞けますからね。実際、WWEって英語を学ぶのに最適だと思うんですよ。世界のいろんな国の人や、小さな子どもも観ているので、マイクアピールなんかでもゆっくりとわかりやすい英語でしゃべってるんで。

まつき　1年ぐらい前に英語を習おうと思って、マンツーマンの英会話教室に3カ月くらい通ったんですよ。でも常に英語に触れていないとなかなか身につかなくて。英語のドラマを観ればいいかなと思ったんですけど、そのドラマ自体にハマらないと、なかなかセリフも頭に入ってこないんですよね。でもWWEには完全にハマったので、これは確実に英語を学ぶしかないと思いました。

――ロック様とコーディのやりとりとかも、英語がわかればよりおもしろいでしょうね。

まつき　本当にそう思います。

――WWEのオーディエンスは、WWEスーパースターがマイクで何か言うたびに「What?」って合いの手を入れたり、チャントやブーイングで反応したりして盛り上がっていますからね。

まつき　向こうはブーイングと歓声が両極端に凄いから、誰が人気で誰が嫌われてるのかがすぐわかりますよね。ああいう文化を日本の観客席に持ち込むのは違うのかな？

——いいと思いますよ。

まつき　日本にも〝ブーイング王子〟がほしいですよね（笑）。

——ドミニク・ミステリオはブーイングを浴びることで、最近は大物感が出てきましたからね。

まつき　あれだけ声援やブーイングが出たら、レスラーのほうも乗ってきますよね。日本も「静かに観てる場合じゃない！」って思っちゃいました（笑）。

——やっぱりプロレス会場は本来、満員になって、みんなで声を出してなんぼですからね。

まつき　そうですよね。レッスルマニアの翌日、ロウを現地のテレビで観たんですけど、テレビからでも凄い盛り上がりが伝わってきましたから。ロウを現地で観て、アメリカではプロレスが30年以上続く人気長寿番組なんだって知って、なんかうれしかったです。

——プロレスがメジャーであることが、ちょっと羨ましくなりますよね。

まつき　本当になる。だから日本でも流行ってほしい、それは切実。日本の同世代のコに観てほしいです。

——WWEを観ると、プロレスの持つ可能性を感じますよね。

まつき　レッスルマニアを観に行って、海外ではプロレスがあれだけメジャーだっていうことを知ってから、日本でのプロレスのイメージも変わってほしいって思うようになりました。日本には、堂々と「プロレスが好き！」って言えなくさせている何かがありますよね。その圧はなんなんだろう？　もうイライラしてきた！（笑）。

「レッスルマニアで勇気をもらいました。こんなに世界中の人に愛されているんだから、日本でももっと広めるために私も発信していく」

——いまの日本のプロレス界って、世間から隔離された場所での内輪の論理がどうしても感じられますよね。

まつき　私もプロレスを観始めて1年ぐらいの頃、凄く落ち込んだんですよ。好きなことを「好き！」って言ってるだけなのに、いろいろうるさく言ってくる人がいて。「私みたいな詳しくない人間が、プロレスを好きになっちゃいけないのかな？」って思った時期もあったんです。でも、そのあとは開き直りましたね。「その変な圧がウザいんだよ！」って（笑）。

——そのとおり！（笑）。

まつき　「みんな最初は初心者だっただろ！」とか思って。だからいまはもう吹っ切れています。いろいろといい思いをさせてもらったし、放送席でしゃべったり、今回レッスルマニアのレポーターをやらせていただいたのも仕事ですけど、「好きな気持ちはあるぞ！」と声を大にして言っていこうと思いました。

——ボクだってプロレスに関することはすべて仕事ですけど、すべて趣味でもありますから（笑）。全身でプロレス好きを体現するくらいでいいと思いますよ。

まつき　本当にそうですよね。

——これからノア中継でもまつきさんひとりだけテンションが違ったりして（笑）。

まつき　「イェーイ！」とか、アメリカみたいに盛り上がっちゃうかもしれない。ガンツさんももっと実況席で騒いでくださいよ（笑）。

——ボクはジェイ・ウーソの入場のとき、現地放送席のパット・マカフィーと同じように立ち上がって、両手でウェーブを起こしていますから。映像には出ませんけど（笑）。

まつき　今度、私もそれやりたい！（笑）。

——これからABEMAの放送席改革をしていきますか。テンション、アゲアゲで。

まつき　そうですね。ひとりで浮かれて「うるせえ！」って言われても立ち向かいます。レッスルマニアで勇気をもらいましたよ。プロレスってこんなに世界中の人に愛されているんだから、日本でももっと広めるために、自分からもSNSとかで発信していこうって思いました。

——レッスルマニアを生で観ちゃったら、誰かに伝えたい、誰かに勧めたいってなりますよね。

まつき　帰国してから、誰かにレッスルマニアの感想を話したくて仕方がなかったんですよ。でも、そんなにプロレスファンの友達がいるわけじゃないし、悶々としていたんです。そんなときに『KAMINOGE』さんからお話をいただいたんで、本当によかったです。私の思いを聞いてくださってありがとうございます（笑）。

——でも、これだけWWEにハマっちゃうと、ノアから心が離れちゃうんじゃないかと心配する人もいると思うんですけど。

まつき　それは大丈夫です。アメリカではずっとWWE漬けだったんで、帰国したら早く日本のプロレスが観たくてたまらなくなりましたから（笑）。

——海外旅行から帰ってきたら、すぐに蕎麦屋に行きたくなるような感じで（笑）。

まつき　今日も品川でノアがあるので、「よし、この取材が終わったら観に行ける！」と思ったんですけど、17時から別の仕事が入っていて、泣く泣く諦めたくらいですから。

——それはかなり重症ですね（笑）。

まつき　自分でもこんなにハマるとは思わなかった！（笑）。

——では、これからも〝令和のプロレス女子〟として、プロ

レス界をよろしくお願いします！

まつき　はい！　みんなで一緒に楽しみましょう！

まつきりな
1997年2月13日生まれ、岡山県倉敷市出身。モデル・タレント。FOR YOU所属。飾らない気さくな性格で、CM出演やグラビアなどで活躍している。またSNSでのメイク動画やひとり飲み動画が人気コンテンツとなっており、インスタグラムのストーリーズで始めた、こじらせた人への恋愛相談返しには数万件の質問が殺到して話題に。YouTubeで1,300万PVを突破し話題となった、短編映画『触れた、だけだった。（純猥談）』への出演やABEMAの『プロレスリング・ノア』放送席ゲスト解説、アサヒビール「まろハイ」、三井住友カード、カルビー「Body Granola」など多数広告にも出演中。2024年1月には『週刊プレイボーイ』（集英社）にてグラビアデビューを果たし、デジタル写真集の月間売り上げ1位を獲得した。

ロッシー小川

MARIGOLD代表

ターザン山本

ギャンブル依存症

終活? まだまだ
プロレスグッズを集めてます。
老後の資金? いやいや、
新団体を作りました。

「本当は70前になったらもうね、
人生の場外、除籍、圏外ですよッ!
だけど、まだまだ生々しく
生きているってことに
拍手喝采の万々歳ですよ!!」
「来年2025年は
昭和100年なんです。
だから我々は昭和を
否定するのではなく、
令和の時代に昭和の痛快だった
ことも入れながらやっていく」

収録日:2024年4月10日　撮影:タイコウクニヨシ　構成:井上崇宏

BRUCE

元スターダム・エグゼクティブプロデューサーのロッシー小川が、4月15日に都内ホテルで会見をおこない、新たな女子プロレス団体「MARIGOLD」（マリーゴールド）」の旗揚げを発表した。旗揚げ戦となる5・20東京・後楽園ホールのチケットは、発売初日でほぼ完売状態（！）に。

「MARIGOLD」には今年3月いっぱいでスターダムを退団したジュリア、林下詩美、MIRAI、桜井麻衣、ビクトリア弓月の5選手と、高橋奈七永、元アイスリボンの石川奈青が所属として参加。さらにアクトレスガールズを退団した青野未来、澄川菜摘、松井珠紗、後藤智香、皇希、CHIAKIの参戦も決定的となっている。

旗揚げ会見の5日前、『KAMINOGE』は小川氏とは旧知の間柄であるターザン山本とともに小川氏をキャッチしていた。

なぜスターダムから契約解除されたのか？　そしてこれから「MARIGOLD」が向かう先とは？

「いまだにレスラーを見ると子どものときに心に戻っちゃうんですよ。自分の団体の選手からもサインを集めますから」（小川）

——ターザン山本さんとロッシー小川さんの関係はもう長いですよね。78歳と67歳。

山本　だって小川さんは、もともとはプロレスのカメラ小僧ですよ。いまでこそプロレスの会場にはたくさんのカメラ女子がいるけども、小川さんはその走り、先駆者ですよ！

小川　でも私は写真が好きだったわけじゃないんですよ。プロレスが好きなだけで。

山本　でも写真の専門学校に行ってたでしょ？

小川　高校を出たあとにとりあえず通ってましたけど、写真なんて誰だって撮れますよ。

山本　俺が『週刊ファイト』にいたとき、小川さんが作っていた全女のファンクラブの会報誌を編集部に送ってきてたわけ。当時はFCの黄金時代だったんだけど、その出来がね、記事も写真ももの凄くよかったんですよ。ほかに新日本プロレスとか国際プロレスとかのファンクラブがあったけど、小川さんが作っていたのがトップレベルだった。それで小川さんが自分で「俺がナンバーワンだ」って宣言してさ、FC界隈でひんしゅくを買ってバッシングされたんよ（笑）。

小川　たくさんある会報誌のなかでチャンピオンみたいなのを決めてたんですよ。ジミー鈴木とかが作っていたやつと見比べて、どっちが上とか下とかって。

——勝手にランキングを作って、自分をいちばんにしちゃったんですか？（笑）。

小川　そうそう（笑）。

山本　それでファン時代から全女のオフィシャルカメラマン

になってね、そのあと正式に入社して広報担当をやって、『全女がイチバーン！』って本を書いて出したでしょ？　とにかく昔から「俺がいちばん」って言い続けてきた人なんよ。

小川　本当は高校時代はプロレスの海外特派員になりたかったんですよ。

——海外生活に憧れていたんですか？

小川　いや、ただミル・マスカラスが好きだったから（笑）。ロサンゼルスのオリンピック・オーディトリアムで試合があると、それが『ゴング』に毎回載るわけですよ。「こういうマスカラスと接したいな」っていう、それだけの願望だったんですけど。

山本　そうそう、外国人レスラーの追っかけだったんですよ。

——昔、山本さんは小川さんの家に遊びに行ったことがあるんですよね？

小川　いや、来たことはないですよ。

山本　ある！　品川かどっかの家に1回行った！

小川　そうでしたっけ？

山本　もう家じゅう、プロレスグッズの山でビックリしたよ！　マスクとか人形とかがたくさんあってさ。

小川　いまもグッズの数が増え続ける一方だから、一軒家を借りてるんですよ。

——ひとり闘道館ですね（笑）。

小川　普通は終活のためにも集めないと思うんだけど、私はいまだに集めてるんですよ。だからこのあいだもフィラデルフィアにレッスルマニアを観に行ってきましたけど、現地でいろんな人に会うなと思って色紙を持って行ったんですよ。カブキ・ウォリアーズからもらいましたし、USエクスプレスとかサンダーボルト・パターソン、あとケン・シャムロックとかキング・ハクとか、みんな一緒の部屋にいたんでサインを書いてもらいました。

山本　この人はどこにいてもすぐにミーハーになれるんですよ。それって凄い才能なんですよ！　だって、フリッツ・フォン・エリックのサインも持ってるんだよね？

小川　当然です。なんだろう、いまだにレスラーを見ると子どものときに心に戻っちゃうんですよね。

山本　ミーハーになるということは大いなる才能で、子どもが大人になったら絶望的なんですよ。人間っていうのはずっと子どもでいなきゃいけない。

小川　だから変な話、自分の団体の選手からもサインを集めますよ。仕事は仕事、それはそれで。

「この歳でまだ現場で生きているっていうことは素晴らしいことですよ。小川さんは人生のエリートですよ！」（山本）

山本　小川さんは67歳？

小川　5月1日で67歳です。いまだにプロレスすることが終わらないですね。

山本　どう考えても、スターダムが終の住処だったわけでしょ。

小川　自分でもそう思っていましたし、はっきり言ってスターダムにいたら安泰でしたよ。でも、その安泰がつまんなかったんですよ。それで最終的に「刺激がない毎日はつまらないな」ってなって。

山本　それはアントニオ猪木じゃないか！

小川　スターダムをブシロードに売ったときはよかったんですよ。でも売ったと言っても、「えっ、こんな額？」ってみんなが思うような金額ですよ。譲渡するときにスターダムの口座にあるお金を全部渡さないといけないんですけど、それにちょっと色が付いたぐらいで、ほとんどタダで売ったようなもんでしたから。

――ただ、売却後は資金繰りとかのストレスがなくなりますよね。

小川　いや、べつにそれまでのスターダムが赤字だったわけじゃないいんで。全然借りてもいなかったし、売り上げだけで回していけてたんですよ。ただ、ずっと低空飛行の状態が続いていたんで、もっと上がりたいなっていう気持ちがありましたね。ブシロードが新日本プロレスをとりあえず上げたっていうイメージがあったし。

山本　金があれば勝負できるからね。

小川　う〜ん。でもべつに自分が運営じゃないから、勝負も何も関係ないですよ。企画はやっていましたけど、興行を決めるのも何を決めるのも全部ブシロードなんで。だからそういう意味では自分がやる仕事がガタッと減ったんですよ。それでも最初はよかったんですけど、だんだん物足りなくなってきて。それはそうですよね、いままで全部自分でやってきたんだから。

山本　それはつまらんねぇ。

小川　売った当初は、とにかく話題がほしかったっていうのはありますよ。「あの新日本を再生させたブシロード」という、そのイメージがほしかっただけです。でも、それが何年も経ったら、後悔はしていないけど、「ちょっと思っていたのと全然違ったな」みたいな。

山本　でも小川さんは一時期、生活が厳しいときもあったよね？

小川　それは一瞬だけですよ。でも私はどんな状況でも守りには入らないです。攻めるだけですから。

山本　いや、この歳でまだ現場で生きているっていうことは素晴らしいことですよ。はっきり言ってもう晩年なのに、まだまだ生々しく生きているっていうことに拍手喝采の万々歳ですよ！　小川さんは人生のエリートですよ！　本当は70前になったらもうね、人生の場外ですよ。除籍、圏外ですよ。それがずっと業界の内部にいて、しかもまた新たなことをやろうとしているわけでしょ。こんなに素晴らしいことはないよねぇ。

――スターダムから契約解除された理由として、選手の引き抜き行為があったというのは本当なんですか?

小川　その前にいろいろあるんですよ。まず複数の選手から「この会社はもう嫌だから、また小川さんがやってくれ」っていう声があがったんですよ。まあ、4~5人から。それもトップ選手ばっかりですよ。「この会社が嫌だ」っていう理由はそれぞれ違うと思うんですけど。

山本　「この会社が嫌だ」というのはね、才能ある人の声ですよ。才能のない人はそこに依存しないといけない、保守的に甘んじなきゃいけないから声をあげない。それはUWFのときもそうでしたよ。出ていくヤツっていうのは才能があるわけ。

小川　ところが、その声をあげたなかで実際に辞めたのはひとりだけです。

山本　え~っ?

――ジュリア選手だけですか?

小川　はい。

山本　でもUWFができたときだって、藤原組長について新日本から出て行ったのは髙田延彦ひとりだけだったからね。才能があるヤツだけが飛び出すんですよ。ジュリアは素晴らしいね。はっきり言って俺がいまいちばん好きなレスラーはジュリアですよ! プロレスはもちろん、顔もいいしさ、目もいいしさ、言葉もいいしさ、俺は大ファンですよぉ。

「年末の両国大会のあと、オーナーと話したんですけど『またお金で苦労するんですか?』って言われたんですよ」(小川)

小川　それで私は私で、4年間凄く窮屈だったなと思って、まあ自分も潮時かなと。最初に「何も変わらないですから」って言うから売ったのに、変わらないどころか変わりまくってましたから。

山本　あのね、俺は本能的にブシロードの体質がわかるんよ。だから小川さんがスターダムごとあそこに入った瞬間にふたつの予感があったんですよ。ひとつは「ブシロードはいずれ小川さんを切るな」と。もしくは「いつか小川さんは自分から出ていくな」と。このどちらかが絶対に起こると予言してたんよ。だって収まるわけがないんよ。

――それはロッシーさんの性分を知っているからですか?

山本　そう! 小川さんの性分とブシロードの体質を本能的にわかっているから、この両者は絶対に分裂するなと思った。だから俺から言わせたら両方とも正しいわけですよ。ブシロードも正しいし、小川さんも正しい！

小川　だから、いまのスターダムはスターダムではなくて、ブシロードファイト女子プロレスなんですよ。スターダムは自分が辞めた時点でスターダムではないんです。もう運営から何からやり方がさらに変わるんで、スターダムという名前はただブランドとしてついているだけ。

山本　でも契約解除ってなる前に、小川さんは自分から辞意を表明していたわけでしょ？

小川　そうです。昨年11月18日に大阪府立（エディオンアリーナ大阪）で興行をやったんですけど、そこに新社長が挨拶に来ていたんで、これはいいタイミングだなと思って、みんなに挨拶をしたあとに近づいて「辞めます」って伝えたんですよ。

山本　とっくに辞めると言ってあったのに、向こうは「契約解除だ」って表に出したわけか。

小川　完全に不意打ちですよ。こっちが辞めることを認識していて、さんざん近づいて情報だけ聞いてきたんですよ。

山本　先手を打ってきたと。

小川　というのは、去年の12月の時点で、4人の選手が「もう辞める」って言いに行ったんですよ。要するに辞める3カ月前に言わなきゃいけないという契約だからそのタイミングだったんですけど、まず4人が辞めると言ったときはなんとなく許されたんです。ところが年が明けて1月になったら、その倍以上の数の選手が「辞める」って言ってきちゃったんですよ。

山本　それはおもしろい！　最高だな！

小川　そうしたら向こうも慌てるわけですよ。それでひとりひとりと面談して、選手にちょっと圧力をかけたんですよ。最初は4人だったのが倍以上になったら、けっこう大きなことですからね。

——だから、いち早く小川さんを切ったと。

小川　でしょうね。なんか口では「いつか対抗戦をやりましょうね」とか言ってたんですけど、結局はいろんな情報収集をしていたっていうことですよね。こっちの情報を収集して、いいタイミングで私を切った。それと12月29日に両国大会をやったとき、試合後にオーナーに呼ばれて1時間ぐらい話したんですよ。そこで「またお金で苦労するんですか？」って言われたんですよ。

山本　えっ⁉

小川　でもスターダムはお金で苦労していなかったから、「またお金で苦労」ってなんのことを言ってるのかなって。そのときは「じゃあ、来年もう1回話しましょう」って言われたけど、それ以降は一切会ってないですよ。

山本　その「またお金で苦労するんですか？」っていうのは許せない言葉だなぁ！　下品にも程があるな！　俺なんか人

生、お金で苦労しっぱなしだから余計にキツい言葉だよ。

小川 なんか、そう言われましたけどね。

山本 あのね、昭和の人間にとって「引き抜き」っていうのは、いまのマット界では起こりえない死語だと思ってたんよ。でも今回の一件で「引き抜き」っていう言葉が出てきたから、「おお、昭和が蘇ったか」って俺は興奮したんだよね。万々歳の大拍手ですよ！

小川 でも私は言われましたよ。週プロのインタビューでオーナーが「昭和は今年中に終わらせます」って。

山本 俺と真逆じゃないか！

小川 でも来年、2025年は昭和100年だから、もう1回昭和ブームは来るんですよ。だから我々がこれからやることは、昭和を否定するんじゃなく、令和の時代に昭和のおもしろかったこと、痛快だったことを入れながらやっていきたい。だから「昭和を終わらせる」ってなんのことだって話ですよ。「えっ？」と思って。

「俺たちは家族がいないから自由なの。晩年は独り身で自分のために自由に生きるのがいちばんいいんよ！」（山本）

山本 来年は昭和100年なのか。となると昭和ブームはまちがいなく来るな。

――ひょっとして、ターザン山本ブームも来るんですか？

山本 それは永久に来ないですよぉ。えっ、来る？　どっち？

――来ねえよ（笑）。

小川 だって山本さんが週プロ編集長として活躍したのは平成だし。

山本 そっか。俺はじつは平成男なんだ。今回、小川さんはどうしてレッスルマニアを観に行ったの？

小川 WWEに招待されて行きました。

山本 どうしてWWEから招待されたの？

小川 それはこれから私たちがやることに興味があったんじゃないですか？

山本 まあ、日本の女子プロレスのレベルは世界一だからねえ。時代的にも女子はソフトとして凄く重要だし、そういった意味ではいま小川さんに注目が集まっているんだね。

小川 私が育てたって言ったらおかしいんですけど、所属していた選手がWWEで活躍しているっていうのが外国人も含めてけっこういるんですよ。そういう意味では評価してもらっているんですよね。

――もともとプロレスファンだった人が、団体という作り手側にまわって成功した例って、ほとんどないですよね。しかもこんなに長く。

山本 ないね。

小川　俺は47年間、現在進行系の現役ですよ。新団体の旗揚げ戦は、5月20日に後楽園ホールでやります。

山本　えっ、すぐじゃない。

小川　その旗揚げ戦の日に大きな発表をしますから。

山本　そんなのすぐにわかるじゃない！　WWEとの提携じゃないか！

小川　いや、それじゃないですね。

――あっ、違う（笑）。

小川　でも、ここにきてまた活力が出てきましたね。もう67なんで本当はリタイアする歳なんだけど、また新団体をやるってことが決まってから、凄く活気に満ち溢れてきましたよ。

――ここでまた新団体を旗揚げする選択ができるっていうのは凄くいい人生ですね。

山本　あのね、ひとつはね、家族がいないから自由なの。俺も小川さんも独り身だからいいんですよ！　晩年は独り身で自分のために自由に生きるのがいちばんいいんよ。家族とかコブがついていたらダメなのよ。ね？

小川　まあ、私の場合は選手たちが子どものようであり、家族でもあるので。

山本　本当のひとりぼっちは俺だけか……。俺なんか週プロを辞めたとき、誰もついてこなかったもんなあ。

――ロッシーさんの女子選手からの慕われ方も気になっているんですよね。女子レスラーたちから信頼を得るために必要なことってなんですか？

小川　いや、べつにそんなことは考えたことがないですよ。変な欲を持たないで、普通に接すればいいんじゃないですかね。だいたい失敗するのは、男女関係になろうと思って失敗するんですよ。私は親子ほど歳が違うからそういうのもないし、そもそもあってはいけないし。でも私のことをよく知らない人にとっては「悪い人」っていうイメージだと思うんですよ。だけど女子プロレス団体の代表という人間のなかでは、私がいちばん選手から慕われているとは思います。あと、これは全女の松永家と一緒なんですけど、来る者は拒まず、去る者は追わず。

「私は団体という形を1から作ることが好きなんです。いまは経験も人脈もあるけど、まだリングひとつないわけです」（小川）

――でも山本さんなんかは、かつて豊田真奈美さんのことを女性としてしか見ていなかったですよね？

山本　いやあ、まあ、そうだね。もし豊田真奈美とのあいだに子どもができたら、これは凄い遺伝子だなとか、そんな妄想を常に働かせていたよ。それと豊田真奈美ってハーレーに乗ってたでしょ。あれのうしろに乗せてもらって、日本1周したいなって妄想をしてたよ。そのとき、腰に抱きついたら豊田は嫌がるだろうなとか。でも小川さんの場合はさ、いま話を聞いてても非常にクールじゃない。透明感もあってソフトじゃない。だから今日までやれてこれたというか。

小川　たぶん、自分はそんなにクールじゃないですよ。自分では昭和だと思っていて、たとえばハラスメントなんかはしないけども、感覚的には昭和だと思います。

山本　いや、人間って表層と深層は違うわけ。深層は隠しているからわからないけど、小川さんの表層はちょっととぼけたような、ふわっとした感じじゃないですか。

――名探偵みたいな感じですよね（笑）。

山本　ポーカーフェイスをしながらさ、しかし深層では欲望がギラギラしているんだけども、それは表に出さないみたいな。

――ロッシーさんは、アルシオン、スターダム、そして今度の団体で3つ目ですよね。

小川　そうですね。

山本　ＡｔｏＺは？

小川　ＡｔｏＺは裏方としてはいましたけど、違いますね。私はアルシオンとスターダム。でも女子プロレスにも3団体作った人間がほかにいたんですよ。さくらえみが我闘姑娘、アイスリボン、我闘雲舞とやっていますから。私も毎回「これが最後だ」という気持ちでやっているし、そこで数を競ってもしょうがないんですけどね（笑）。

――昭和を愛するロッシーさんは、思想的には馬場イズムと猪木イズム、どっちですか？

小川　半々じゃないですか？　自分の思想はたぶん猪木イズムなんですよ。ただ、団体をやっていくには……（笑）。

――馬場イズムも持ち合わせていないといけない（笑）。

山本　猪木イズムっていうのは好き勝手にやりたい放題なんだけども、すべてに責任を持たないじゃない。団体経営はそれをやっちゃったら終わりじゃない。

小川　私は団体という形を1から作ることが好きなんです。早い話、いまの状態って経験も人脈もあるけど、物がないんですよ。それをこれから作っていくんですけど、まだリングひとつないわけです。また1個1個、物を揃えていかなきゃいけない。

――それを揃えていくことが楽しいですか？

小川　楽しいですね。リングのキャンバスにロゴマークも何もないところから1個1個揃えていくんですよ。

――すでに選手は何人かいて、これからどんどん増えていくと思うんですけど、スタッフも確保されてるんですか？

小川　一応3～4人います。でも「一緒にやる」って言っておいて、ドタキャンした人もいましたよ。でも逆に来なくてよかったかなと思って。自分の意志を持った人たちが集まっ

てくれたから。やっぱり辞めるっていうことはみんな覚悟を持って来ていますよ。

山本　長与千種とか仙女との提携はあるんですか？

小川　形的な提携はどこともないと思います。精神的協力関係はあっても、目に見えた協力関係はないですね。

山本　凄いね。俺だったらさ、ちょっと長与さんとか仙女とかと提携してやっていこうかなみたいな頭がちらっと浮かんでくるけど。

小川　なぜかと言うと、こんな言い方をしたらあれだけど、そのふたつは決して盛んではないじゃないですか？　だからウチはすぐに抜きますよ。

山本　やっぱり「ウチがいちばん」っていうイズムは健在だなあ（笑）。

小川　すでに決まっている日程の数を見ても、スターダムの次ですからね。まだ旗揚げもしていないのに。

「目の前で起こるさまざまなネガティブなことに対して、小川さんは見事にあっさりとスルーする能力がある！」（山本）

——団体を始めるときって、まず何から始めるんですか？

小川　まずは名前を考えますよ。あとベルトを6本注文しているんですよ。シングル4つとタッグがひとつ。

山本　早いね！

小川　本当はベルトを作るのはまだ先だと思うんですけど、やっぱり団体を作るっていうことは、お金がかかるっていうか使うじゃないですか。もうそのときに一気に使っておこうかなと思って。今回も外国送金とかがめんどくさかったんですよ。アメリカでベルトを作っているので。

——やっぱり本物のプロレスファンだから、それこそチャンピオンベルトはこうあるべきっていうこだわりもあるわけですよね。それはめんどくさくもあり、楽しいことですよね。

小川　要するに私は「贅沢なプロレスファン」ですよ。だって本物のベルトを作っちゃうわけですから（笑）。

——レプリカじゃなくて（笑）。

山本　贅沢なプロレスファンっていうのは、いちばんロッシー小川にふさわしい、ピタリとハマる言葉だね。この何十年間の歩みを総合した言葉だよ。

小川　だから老後の資金ってあるじゃないですか？　それを貯めて生きていくよりも、自分の好きなことをやって生きていくほうがいいなって。どうせお金を使うんだったら、プロレス団体を作っちゃったほうがいいやって。

山本　その達観の仕方はいいねえ！　素晴らしいよ！

小川　今回は自分が生きてきた集大成、最後の挑戦なんで、やっぱり金を貯めるのも人生だけど、金を出すのも人生。

山本　小川さんは、自分は贅沢なプロレスファンということで、パーフェクトな形で人生で追求して、実現しているわけじゃない。一生、現場主義なのは楽しいよね。はっきり言って、それは羨ましい人生だよぉ！

小川　それでも上手くいかないこともありますよ、いっぱい。だけど上手くいくように導くしかないですよ。それは人の問題も含めて、なかなか思うようにいかないじゃないですか？

――ロッシーさんは怒ったりすることはあるんですか？

小川　怒らないようにしています。

――気は短いほうですか？

小川　短いところもあります。

――でも、そこで飲み込むんですか？

小川　いまの時代、怒って聞かせてもしょうがないし。

山本　だから、自分の目の前で起こるさまざまなネガティブなことってあるじゃない？　そのマイナス領域に対して、小川さんは見事にあっさりとスルーする能力があるんですよ。マイナス領域には留まらずにスッと避けるでしょ？　そういう才能があるからストレスがないわけ。

小川　そうですね。けっこう嫌なことがあっても、次の新しいことがあると忘れちゃうんですよ。というか、忘れていくしかないんですよ。だから人を恨んだりもしないし。

山本　だからロッシー小川的達観能力は凄いよ。これは普通

の人は真似できないですよ。

「こっちはもう新しいことをやるためだけに動いていくだけですから、振り返る暇がないし、意味もない」（小川）

——そういえば「ロッシー小川」の名づけ親って誰なんですか？　山本さんは「俺か、宍倉次長だと思う」と言ってるんですけど。

小川　それはね、たぶん最終的に自分なんですけど、外国人レスラーが私の本名の「宏（ひろし）」を発音できなくて、「ロッシー」って言っていたのがきっかけでもあるし、あとは『ロッキー』にあやかってもいて。

山本　自分をロッキーに見立てたわけか！（笑）。

——じゃあ、今回の新団体旗揚げはまさに『ロッシー・ザ・ファイナル』ということで（笑）。

小川　ファイナルですね。『ロッシー3』だと、あと何回かやらないといけないから（笑）。

山本　でもさ、ロッシー小川を『週刊ファイト』とか『デラプロ』で形にして世に出したのは俺だからね！

——ここはロッキーの聖地・フィラデルフィアで新たな決意を固めて帰ってきたでいいじゃないですか。

山本　いいよ、それで。

小川　たぶん、自分が女子プロの世界に入った理由は、やっぱりいちばんになりたかったからなんですよ。新日本、全日本、全日本女子とあって、新日本と全日本は大きな団体に見えたので、そこではいちばんになれないけど、女子プロレスならいちばんになれるかなと思ったんですよ。

山本　その感覚は優れているのか、しゃらくさいのかわからないけど、おもしろいね。でもやっぱりここではっきり言いますよ！　ロッシー小川の第一発見者は俺ですよ！

小川　山本さんが大阪の『週刊ファイト』からベースボール・マガジン社に来たときに、自分と毎日のように飯を食いに行ってたんですよ。私は仕事が終わったら神田錦町の編集部にほぼ毎日遊びに行ってたから。そこで山本さんがいろんなプロレスの話をしてくれるのがおもしろくて、会社が終わったらすぐに行っていました。

山本　ほら、やっぱり俺が第一発見者じゃない！

小川　そのうち山本さんが当時プロレスアルバムっていうのを作っていて、そこに原稿を書いてみませんかって言ってくれたんで、自分は何本か原稿を書いたんですよ。

山本　そのときはもう彼に才能があることをわかっていたからね。将来性を見込んでたから。だから俺は小川さんがブシロードと決別したことはよかったと思ってる。だって才能がもったいないじゃない。それと小川さんは人からコントロールされたくない性格なわけですよ。

小川　凄くプロレスに対して愛情が深いように見えて、まったくなかったですね。プロレスが好きと言っておきながら、じつは数字でしか見ていない。だから選手にとって親ではないんですよ。WWEみたいな巨大組織ですら上はレスラーがやっていて、レスラーの気持ちもわかるからいろんなことが上手くいくんですよ。

山本　小川さんは生粋のプロレスファン代表だから、これからも期待していますよ！

小川　そうですね。もうあの人たちのことは興味ないです。いまでも、ことごとくいろんな邪魔をしてきているのが手に取るようにわかるんですよ。「ああ、邪魔してんな」って。こっちはもう新しいことをやるためだけに動いていくだけですから、振り返る暇がないし、意味もないです。

ターザン山本（たーざん・やまもと）
1946年4月26日生まれ、山口県岩国市出身。ライター。元『週刊プロレス』編集長。
立命館大学文学部中国文学専攻中退ののち、映写技師を経て、1977年に新大阪新聞社に入社し『週刊ファイト』のプロレス担当記者を務める。1980年に同社を退社しベースボール・マガジン社へ移籍。1987年、『週刊プロレス』の編集長に就任し、のちに『格闘技通信』の編集長も兼任。“活字プロレス”や“密航”などの流行語を生み、当時の週プロの発行部数は公称40万部。プロレス界に多大な影響力を持つこととなった。しかし1996年に「地方で手を抜く新日本プロレス」などといった記事を書いたことで新日本と対立して取材拒否を通告される。これを機に同誌の売り上げが急降下したため編集長を辞任。のちにベースボール・マガジン社も退社する。以降はフリーランスのライターとして複数のプロレス・格闘技雑誌に携わり、テレビやラジオのメディアにも出演する。最近は「ギャンブルって金がない奴がやるものだぜ。金がない。勝てない。だから余計に燃える。ハマる。のめり込む。バカヤロー！」と、おそらく水原一平氏に対して怒りの牙を向けたり、「ジュリアー強時代への予感。あるな！」と予言ツイートをしたりして1日をやりくりしている。

ロッシー小川（ろっしー・おがわ）
1957年5月1日生まれ、千葉県千葉市出身。本名・小川宏。株式会社マリーゴールド代表取締役。
東京写真専門学校（現・専門学校東京ビジュアルアーツ）在学中に全日本女子プロレスのオフィシャルカメラマンとなる。卒業後の1978年、広報として全女に正式入社。ビューティ・ペア、ミミ萩原らスター選手の担当となり、のちにクラッシュギャルズのマネージャーを務め、80年代の黄金時代を牽引。90年代に入ると企画広報部長となり、団体対抗戦を考案するなど手腕を発揮。1997年8月に全女を退社し、一部所属選手を引き連れて新団体「アルシオン」を旗揚げする。「ハイパー・ビジュアル・ファイティング」と称したビジュアル系のファイターを多く輩出。2003年に同団体解散後、「メジャー女子プロレスAtoZ」のエージェントを経て、2011年1月23日に新団体「スターダム」を旗揚げ。代表として奮闘し、もっとも人気と勢いがある女子プロレス団体へと成長させる。2019年にスターダムをブシロードへ事業譲渡し、エグゼクティブプロデューサー職を務めていたが、2024年2月4日、多数のスターダムの所属選手やスタッフに対する引抜き行為があったとして、スターダムファイトから業務委託契約を解除される。4月15日、新団体「MARIGOLD」の旗揚げを発表した。

兵庫慎司のプロレスとまったく関係なくはない話

第107回 出ない方がいい

兵庫慎司

兵庫慎司（ひょうご・しんじ）1968年生まれ、広島出身東京在住、音楽などのライター。連載は『KAMINOGE』のこのページ月一回と、音楽サイトDI:GA ONLINEで「兵庫慎司のとにかく観たやつ全部書く」月二〜三回、のふたつだったのですが、この4月から新たにウェブぴあ音楽で「兵庫慎司の『昔話を始めたらおしまい』が始まりました。月二回、10日と25日に更新です。と、たまにはまじめに告知してみる。みなさまぜひ。あと、「距離を置いた方がいい」とか別に思っていないけど、普通に疎遠になって、もう一生関わることはない、なのにそのまま登録してある電話番号と、今実際に使っている電話番号の数、比率で言うと9:1くらいじゃないか、という気がします、自分の場合。全部消そうかな、これを機に。

「友人」と言ってしまうのはあつかましいが（軽々しく「友達」とか「仲間」という言葉を使う人を、僕は信用できないタチです）、「知人」だとちょっと遠い。その間のちょうどいい言い方、何かないかしら。

　というくらいの関係性の、自分より少し年下、同じではないが近い業種、仕事上の関わりもあって月に一〜二度は共に酒を飲む、という男がいる。つい先日も飲んだのだが、その時のこと。

　カウンターに置かれた彼のスマホが、ブブブッと振動した。なので、目をやると……着信があると、画面に、登録された相手の名前か、電話番号か、「非通知設定」という文字が出るじゃないですか。それを見て、僕は「え?」となったのだった。

「出ない方がいい」

　という文字だったのだ。彼のスマホの画面に現れていたのは。

「あの、電話……」「あ、いいんですいいんです、出なくて」と、その言葉どおり、電話を取らない彼。そりゃあ訊きますよね。『出ない方がいい』って何?」と。

　曰く、この「出ない方がいい」で登録している電話番号が、5件くらいあるそうだ。それ、女も男もいるそうで、プライベートな意味合いで「距離を置いた方がいい」と判断した、もしくは仕事などを経て「もうこの人と関わるのはよそう」と決めた、そういう相手なのだという。

　しかし。夜中だったり、酔っていたり、疲れ果てていたりして、気持ちが弱っている時に電話があると、つい出てしまったりする。その結果、「やっぱり出るんじゃなかった」と後悔することになる、という。

　そうか。それはつまり、女の場合も男の場合も、「最悪!もう絶縁!」みたいなきっぱりしたやつじゃなくて、距離を置いた方がいいのはわかっているんだけど、ちょっと気持ちが残っていなくもない、みたいなことね。でも、なんで名前じゃなくて、「出ない方がいい」で登録するの?

　いや、そこなんです。その5人くらいのうちの、誰からの電話なのかをわからなくしておくのが、大事なんです。電話があって画面を見た時、相手が誰なのかがわかると、「一度は距離を置こうと決めたけど、でも、やっぱり……」とか、「あの時から時間も経っていることだし、彼も変わったかもしれないから……」なんていうふうに気持ちが動いて、つい出てしまったりするから。だから、相手が「出ない方がいい」リストの誰かであることしかわからない、特定できない、という状態が、ベストなんです。

そもそも、その人の番号を削除すればいいじゃん。いや、それだと、かかって来た時、画面に番号が出るでしょ。誰だかわかんないから取っちゃうじゃないですか。あ、そうか。じゃあ着信拒否にすれば？　いや、着拒にしたことが相手にわかっちゃうじゃないですか。そうか、それも困るのか。

なお、彼は芸能人ではないが、取材を受けたり、ラジオや雑誌等のメディアに出たりすることもある、言わば「一部で有名」系の人なので、そこで彼を発見した昔の知り合いが、LINEやメールを送って来ることが多いのだという。という人たちの中で、メールとかじゃなくて電話をしてくる、ということは、過去にそれなりに彼と近い関係性にあったわけで……なるほど。

「とにかく、この方式にして、本当にトラブルが減りました」と、彼は言うのだった。

じゃあ何度もトラブったわけね、これまで。

「はい！」。そんなに力強く肯定されても。

「要は、俺は、シラフの時に決めたことを、酔っぱらってる時、弱ってる時だと、守れなくなる奴なんです。だから、こうして防波堤を作っておかないと、まずいんです」

以上の話をきいて、納得はしたものの、「うんうん、あるよねえ、そういうこと」と、共感することはできなかった。なぜ。自分にそういう経験が皆無なので。

じゃあなんで、俺にはそういうことがないのか。理由を考えてみたところ、ふたつあった。まずひとつめは、自分は彼のようにメディアに出たりすることがないので、それがきっかけで昔の知り合いから連絡が来ることもないからだ……あ、待てよ。そういえば、5年くらい前に、地上波のお正月の深夜特番で、岡崎体育の特集をやるというので呼ばれて出演したら、いろんな人から連絡が来たわ。LINEやSNSで、何年も会っていない人まで含めて。ああいう状態が、彼はずっと続いているってことか。そうか、それは大変……いや、違う。俺の場合、その時も、LINEとかはあっても、電話はなかったわ。

で、もうひとつの理由。そもそも僕のスマホには、「出ない方がいい」人の番号が登録されていない。距離を置いた方がいい、もしくはもう関わらない方がいい、と、一度決めるたびに、その場で即座に電話番号を削除する人生を送ってきたからだ。

特に女性。彼と違って先方からかかってくる可能性などなくても、断固消す。「そう決めたのに、酔った勢いで電話とかしちゃう」ことを防ぐために。己を「そういうことをしかねない奴」と認識している、つまり自分を信用していない、という話ですね。

電話をしたところで、そこから再び何かが始まるわけがない。つまりゼロ、なのはいいんだけど、電話したことによって、ゼロですらなくなるじゃないですか。「あのバカ、酔っぱらって電話してきやがった」という、マイナスになっちゃうでしょ。

以上、書いて整理した結果、彼より僕のほうがさらにダメであることを実感したのだった。そして、彼に対して「単にモテてるってことじゃねえか、あんた」という気持ちに、すっかりなってしまったのだった。

鈴木

MARVEL STUDIOS
ONE PIECE FILM
2012.12.15
もしも命が
描けたら

元・放送作家

鈴木おさむ

放送作家を引退した
“バラエティの怪物”は
どんなステージに
向かおうとしているのか。

「脚本家だけやっている人、
小説だけ書いている人の
ほうが絶対に凄いけど、
放送作家だからできること
ってたくさんあるんだから
何をやってもいいじゃん。
なのにみんな真面目だよね。
俺はやっぱ生き方が
相当ふざけてたなと思ったよ」

収録日：2024 年 4 月 8 日　撮影：保高幸子　聞き手：大井洋一　構成：井上崇宏

『SMAP×SMAP』をはじめとする数々のヒット番組を手がけてきた〝怪物放送作家〟鈴木おさむ氏が、今年3月末で放送作家業と文筆業を引退して周囲を驚かせた。32年間の放送作家の仕事は、常に結果を出し続けなければいけないという緊張感に包まれていたというが、52歳にしてこれからどんなステージに向かおうとしているのか？　鈴木氏の後輩である放送作家の大井洋一が話を聞いてきた。

「辞めてみてわかったのは、日常のバラエティの会議とそのルーティンがストレスだったのかも」

――放送作家を引退されたばかりですけど、生活はすでに変わりましたか？

鈴木　全然違うね。ちょっとこの1週間はさよなら会が多すぎて大変だったんだけど、やっぱりだんだんとわかってきたのは、当たり前なんだけど、これまで会議がめっちゃストレスだった。

――えっ、そうなんですか！　おさむさんクラスだと、自分のやりたいことをやってる会議じゃなかったんですか？

鈴木　そんなことないよ。たとえば『Qさま!!』はまだいいけど、じつはもう10年以上ずっとやってる『林修の今、知りたいでしょ！』とか、そういうファミリーというかオールの視聴率を獲りに行くような情報が多い番組って、数字の上がり下がりが激しいから。いま『10万円でできるかな』っていうキスマイの番組もあるんだけど、ゴールデンに上がってからなかなか当たりが出なかったのよ。スクラッチ宝くじ削りとかはよかったんだけど、いろいろあってそれをやらなくなってからはなかなか当たりが出ないってことで「どうしよう、どうしよう」「終わる、終わる」って言われてたんだけど、最後の最後に「ハウマッチマン」っていう爆買いしてる外国人観光客のスーツケースを見させてもらうコーナーをやったら、それがけっこう当たったのよ。

――「ハウマッチマン」が生まれるまで、どれくらいかかったんですか？

鈴木　2年。もう毎週毎週企画を考え続けて、やっぱりしんどかったよね。

――おさむさんでもそんな感じだったんですか。

鈴木　めっちゃつらいよ。というか、俺はそういう番組が異常に多かったから。ずっと脚本がストレスだったのかなと思っていたけど、日常のバラエティの会議とそのルーティンがストレスだったのかもっていう。

――でも、もともとそういう企画を立てるのは好きですよね。

鈴木　いや、俺は企画を立てるのが好きなんじゃなくて、書きたくて作家になったんだよ。だからニッポン放送に入って、あそこはなんでも書かせるから、タレントの言葉とかをその人のふりをしてけっこう書くんだけど、それがけっこううれしかったのよ。そのときにめっちゃ書く練習ができて。

——あくまで書きたい。

鈴木　ドラマ的な文章を書くのが好きで、だからそのあと木村拓哉と番組をやったときも古畑任三郎や松田優作のコントをやったりするのが楽しくて。まあ『めちゃイケ』は特殊だけど。『めちゃイケ』の書き方って刑務所的な、あれはもう刑罰じゃない（笑）。

——刑罰！（笑）。

鈴木　なので『スマスマ』に当たったのは超ラッキーだった。その頃はアイドルをやるなんて思ってもいなかったけど、結果、自分のやりたいことがバチコーンって当たったんだよね。

——放送作家って、原稿を書くだけじゃなくてテレビ企画を考えることが多いですよね。

鈴木　多くなっていったよね。それで『とぶくすり』もコントじゃん。コントを毎週10本とか出して、それで選ばれたものを昼12時から朝8時まで書いたりして、そんなのもやりたいことではあったんだけど、そこから『めちゃモテ』になってちょっと動揺すんのよ。

——トーク番組になったからですね。

鈴木　そう。あとは企画になったり。そこでまた渡辺真也さん（放送作家）が化けるんだけど、真也さんが矢部（浩之）さんの財布に100万円を入れてそれを落として、「持ってけ100万円」っていう企画を作ったときにちょっと痺れるわけ。俺はそういうのが苦手で、考える脳みそがなかったから「なるほど！　こういう企画の立て方があるのか！」みたいな。だから『めちゃイケ』がちょっとプチブレイクした要因にもなった「スタンプ」っていう企画コントの延長みたいなコーナーが凄く自分のなかで評価されたのと、あとはココリコの『いきなり！黄金伝説。』でもまあまあ企画を出してたんだけど、会議室に向かうときに「ニワトリが卵を産んで、その卵で田中（直樹）さんが生活してる」っていう画が急に浮かんできたんだけど、そうやって企画の考え方がわかってくるまでに意外と数年かかってる。

——企画を出すときに「これはいけるな」っていうジャッジを自分ですると思うんですけど、そこである程度の当たり目がわかるものですか？

鈴木　『スマスマ』と『笑っていいとも！』に関して言うと、SMAPという題材が自分にとってめちゃくちゃ合ってて、要するにカッコいい人たちがちょっとシャレで芸人すぎないことをやるみたいなことが自分に合ってたの。たとえば「涙のSMAP」っていうコーナーは1回目からやってたんだけど、あれは単純にイケメンの涙を見たいなと思って。

――そういう着想なんですか（笑）。

鈴木　イケメンの涙が見たいのと、あのメンバーのなかで単純に芝居がいちばんうまいのは誰だろうっていう興味。ほかにもいろんなコーナーをやったけど、自分が閃いたことと視聴率がマッチしていくっていうのがそこからだんだんと起きてきて。

「22歳のときから、会議でいちばん末席からトップの人に『それ、おもしろいですか？』とかめちゃくちゃ言いまくってた（笑）」

――逆に「これ、いけると思ったんだけどな」っていうのもあるんですか？

鈴木　めちゃある。めちゃあるけど、俺は不思議とデビューしたときからダメだなって思うことに答えを出す能力が異常に高いと思うんだよ。俺は最初に『邦子と徹のあんたが主役』っていう番組の作家になったんだけど、会議に連れて行かれて事務所の先輩から「余計なことをしゃべるな」みたいなことを言われるの。それで結局しゃべらないから、「キミね、作家はしゃべるのが仕事だから」って言われて、半年でクビになってそれが死ぬほど悔しかったの。でも俺は会議で大人たちが言ってることに2秒で答えが出てたのね。「俺が毎回2秒で答えが出ていることを、この人たちは何分しゃべってるんだろう？」ってその頃から思ってた。

――だけど「しゃべるな」と言われて黙ってたらクビになった。

鈴木　あとは『常盤貴子のオールナイトニッポン』の単発を金曜3時台にやったときにめちゃくちゃうまくいったんだけど、レギュラーになるってときに先輩に取られたんだよね。その先輩は俺が単発でやったときに悔しくて、ディレクターに手を挙げに行ったんだよ。その人のほうがその当時は優秀だからさ。そのときに俺のところに来て、「おさむね、待ってたら仕事を取られるからね」って。「よく言うな、コイツ」って思ったんだけど、自分がやりたいことは口にしないと取られちゃうなと思うようになって、それを言うようになったら結果的に木村拓哉の仕事につながるのね。

――いざ、しゃべりはじめたら。

鈴木　そのときの経験があって、俺は22のときに『とぶくすり』のちょっと前に『学校では教えてくれないこと』っていう山田邦子さんとナインティナインが土8の番組をやってたんだけど、それはラジオの作家をたくさん入れようっていう提案になって、「ニッポン放送のイキのいいヤツ」ってことで俺が連れて行かれたの。当時は制作会社がめちゃくちゃ入ってて、作家も10何人もいて、会議に毎回80人くらい出てるのよ。フジテレビにめっちゃデカい会議室があって俺はそこのいちばん末席なんだけど、『邦子と徹のあんたが主役』のときのことが悔しすぎて、それで毎回ネタをめちゃくちゃ持って行って、いちばん末席からトップの人に「それ、おもしろいですか？」とかってめちゃくちゃ言いまくってたのよ（笑）。

――うわー、めっちゃ尖ってたんですね（笑）。

鈴木　めっちゃ尖ってて、たぶん80人中70人くらいは絶対に俺のことを嫌いだったと思うんだけど、ずっと「俺が言ってることは正解じゃん」って思ってたから、すっごいしゃべるようになったの。そこで数人の人が「若くておもしろいヤツだな」って言ってくれて、そこから『買物王』っていうクイズ番組と、『とぶくすり』が『めちゃモテ』になって『めちゃイケ』になるときに『スマスマ』もあったりしたから、フジテレビで3本のラインがいきなりできて。

――ボクはもうどこの現場でもしゃべれるようになりましたけど、そういうところで意見が出せなくて悩んでる若者も、とにかくしゃべるしかないってことなんですね。

鈴木　しゃべるか、真也さんみたいに出すネタが死ぬほどおもしろいかのどっちか。だから俺も結局は認められてるのってネタではあるんだけど、やっぱ自分の企画を1を10に見せるっていうのはテクじゃん。だからあまり長くダラダラ書いてもダメだとは思うけど、真也さんは昔からタイトルの付け方と数行のキャッチがめちゃくちゃ天才的だったから、それがうまいか、本当にしゃべりでしっかりおもしろそうにプレゼンができるか。

――ハタチそこそこから始めて辞めるまで、下からの突き上げを感じることはなかったわけですよね。

鈴木　作家の突き上げはないかな。ただ世代交代はしてるなと。テレ朝ではいろいろやらせてもらってて、『スマスマ』が終わってからはフジテレビの番組が減ってるけど、べつにそれもなんとも思わないの。それが若手のせいとも思わないし、ディレクターやプロデューサーに媚びて企画を出したいかっていうとまったくそうは思わなくて、その時間があるんだったらほかのことをやりたいって凄い思っちゃうから。だからそこに対して「あっ、番組が1個空いた」と思ったら、「じゃあ、舞台をやろう」とか「本を書こう」とか、「ドラマももうちょっとできるかな」とか「映画をやろう」とか。だからありがたいことに『スマスマ』が終わるときに映画を作ったりとか、いろんなタイミングがあるんだよね。それでいろいろ重なってたから。

――テレビとラジオしかやっていないと、いざ番組が減っていったときにリカバリーするのが難しいじゃないですか。

鈴木　うん。難しいと思う。

――そこでドラマをやりたいと思っても急にはできないし。そこではもう常にやりたいものを発信し続けるんですか？

鈴木　発信し続けなきゃダメだと思う。発信する方法があるんだから何かやればいいんだよ。

「収入なんか、何かやり続けてたら絶対お金になる。俺は新しいことをやるときってけっこう売り込みばっかりだよ」

――それはテレビだけじゃないよっていう？

鈴木　もう全然。たとえばツイッターがXになって、俺は人から聞いて「あっ、そうなんだ」と思ったんだけど、Xになって長文が書けるようになって、アルゴリズムも変わってブログ的なものが凄くいいと。そうなったときにこれから流行るのって絶対にスマホ小説だなって思うの。それで俺はけっこうおもしろい設定を思いついたんでスマホ小説の企画を1個立てて、辞めるまでにやろうと思ってたんだけど、ギリギリやれなかったんだけど。みんなもそんなことをやったらいいじゃんって思っちゃう。

――番組が1個終わって、「うわっ」と思っているあいだに次のことを進めておけばいいじゃんってことですね。

鈴木　俺はマジでそういうときは「時間ができるぞ。やったー！」ってウキウキしちゃうもん。べつに収入なんかも何かやり続けてたら絶対お金になるから。俺はいろんな人から「いろんな仕事が入っていいですね」って言われるんだけど、俺は新しいことをやるときってけっこう売り込みばっかりなんだよね。

――仕事が入ってきてるんじゃなくて、自分で作ってる。あと、おさむさんのインスタを見てると、やっぱり若い人と触れ合う回数が多いじゃないですか。ＹＯＡＳＯＢＩとかＢＡＤＨＯＰもそうですけど、ボクは若いコたちと触れ合うことに若干照れちゃうんですよね。歩み寄ったなと思われてるんじゃないか、とか思ったり。

鈴木　最近はインフルエンサー集団みたいなコたちともよく接してるんだけど、もともと若い人たちとお話をしたり遊んだりすることが自分はけっこう好きだし、慣れてるから。だから俺は一時期、芸人とずっとしゃべってたじゃん。だけど、みんなおじさんになって結婚したりとかして外に出なくなって、タカ（タカアンドトシ）とも前は毎週のように飲んでたけど、最近は3カ月に1回とかだけど、それでも多いし十分じゃん。それで自分が40代のときに力士と出会ったのね。白鵬はまだ20代だったし、サイバーエージェントとか20代のイキのいいヤツがバーッと来て、まわりがどんどんおじさんになっていったときに今度はＬＤＨと出会って。だから俺はずっと昔から若い人たちにいろんなことを教わってるんだなって。

――やっぱり歳を取ってくると接する人間の歳も一緒に上がってくるじゃないですか。だから知ってるカテゴリーがだいぶ限られてきて、ウチの娘がいま18だから、彼女から知る新情報のほうが多いんですよ。

鈴木　めちゃくちゃ多いよ。だから俺は若い人がテレビを観ていない現実もいち早く感じてたし。あとは自分が情報をキャッチできるような態勢をいかに組むかっていうのが大事で、俺は仕事でその環境ができるからなんだけど、比較的まわりに置く人も「自分はこの情報が知りたいし、このことが話したいからいる」っていう。だから俺はLDHで仲がいい人って、たぶん情報の感度が俺が知りたいことと凄く合うんだよね。

——そうすると感性が歳を取らないんですね。でも積極的に若者のカルチャーを収集しようとする努力って、恥ずかしくもあるじゃないですか。それでも自分の感度を保つためには必要なことですか？

鈴木　いや、俺は感度を保とうっていうか、単純に好きだから。好奇心が異常なだけ。

——ただ、好きなだけ。ＹｏｕＴｕｂｅなんかが出始めたときに、「ユーチューバーなんて」みたいな扱いもあって、そこでもおさむさんはコムドットをわりと早めにピックアップしてテレビに持ってきてやったりしていたじゃないですか。そこも「このコたち、おもしろいよな」からなんですか？

鈴木　あれはどっちかって言うと、本人が望むんだったら架け橋になれたらもちろんいいなと。ただ、テレビって残酷だからそのつらさもあるじゃん。だからコムドットがやりたがってるっていうことで「フジテレビがいいんじゃない」みたいな話をして、結果1年で終わってしまったけど大爆発する可能性もあったじゃん。俺はいまでも彼らのことが好きだけど、新しいものに対しての可能性っていうのはテレビだけじゃなく見ていたいなって思う。だってこれまで何度も見てきたじゃない。俺はけっこういろんな人を売ってきた自負があるけど、おすピーのブレイクって絶対に俺なのよ。俺はおすぎとピーコが昔から好きで、おすぎさんはバラエティに出るのを最初は嫌がってて、『いいとも』のレギュラーにするのもめちゃくちゃ大変だったのね。でも、おすぎとピーコはあるときの『いいとも』をめちゃくちゃ助けてくれたし、おすピーブームもあったじゃん。だから「この人たちをテレビで爆発させたい！」みたいな感じなのは芸人以外でも昔からあって、そういうのが気持ちよかったよね。

「いまはベンチャーファンドをやろうとしてる。ちょっと潰れかけてる会社を買って、立ち直らせる企画みたいなものにめっちゃ燃える」

——それがやっぱりテレビの醍醐味でもあるんですか？

鈴木　テレビの醍醐味でもあったと思う。いままではそれが

テレビ。

――だけど時代は変わってきていると。

鈴木　それはめちゃくちゃ感じる。テレビは絶対的に認知力が凄いし、器としては凄いけど、お金にするっていう意味でいくと、いままではスポンサーからお金をもらってテレビを作って、それでブレイクさせてたんだけど、視聴者がスポンサーに苦情を入れたり、コンプライアンスも厳しくなったりしてがんじがらめになってるじゃん。単純にビジネスモデルとしての限界が来てると思ってる。だからＮｅｔｆｌｉｘやＹｏｕＴｕｂｅみたいに制限がなかったりするものが台頭する。でも、たとえばラジコでいまラジオが復活して接触が増えて、ニッポン放送みたいに売り上げの何割かでイベントをやるっていうのが見えてくると、ちょっとプラスのスパイラルに変わってくるじゃない。俺がおもしろいなと思うのは、いろんな企業の社長がいまラジオの枠を買ってるのって知ってる?

――そうなんですか。

鈴木　みんなが「ラジオをやりたい」って自分でスポンサーとして枠を買って、自分が出て、誰かＭＣを仕込んでやってるのよ。それって年に数千万かかったりするんだけど、やっぱりＹｏｕＴｕｂｅじゃなくてラジオなんだよ。なぜなら格式と信用があるんだって。だから「俺、ラジオやってるんだぜ」って言える。ＹｏｕＴｕｂｅのほうが何百万って再生回数いくかもしれないけど、国から認められてる電波のなかで番組を持ってることってやっぱステータスなんだよ。

――そのステータスはまだあるってことですね。

鈴木　いま逆に増えてきてるのね。そう考えたらテレビってもっと凄いじゃん。だからスポンサーではない利益の作り方とか、俺なんかはたぶんそういうのが得意だと思うんだけど、放送作家と一緒にそこから作ればいいのにって思っちゃう。そこからがもうテレビというか。だからQRコードがあってドラマの出演者の洋服が全部買えるとか、そのかわりCMはいっさいないとか、そんなことも含めてテレビが観るだけのものじゃなくてスマホと一緒に遊べたりとか、もう1個ツールがあったりするとおもしろいと思う。

――違う使い方、遊び方、広げ方をしたほうがいいと。

鈴木　だから藤井（健太郎）くんなんて『水曜日のダウン

タウン』でけっこう挑戦的にテレビで遊んでるじゃん。でも、マネタイズっていう意味で行くともうちょっとできるんじゃないかな。

――ボクはやっぱり青春時代に『めちゃイケ』を観ていて「SMAPのライブに岡村が出ちゃったよ!」とか、バスが海に沈められる『お笑いウルトラクイズ』とか、それこそマイケル・ジャクソンが来る『スマスマ』とか、ああいうスケールの大きな番組っていうのは、もうないってことなんですかね?

鈴木　やっぱり細分化してくるから何百万人が観てるみたいなことは厳しいのかもしれないね。でも、何万人が入るフェスみたいなのはもっと増えるかもしれないし、それがお笑いかもしれないし、新しいエンターテインメントの形っていうのは増える可能性があるね。

――オードリーの東京ドームライブなんかはまさにそういうことですよね。

鈴木　まさにそういうこと。だからリアルとの連動は大事なような気がする。

――「あれをやり残したな」っていうようなテレビ企画はないですか?

鈴木　やれなかったのはいっぱいあるよ。でも俺はいまお金を集めてベンチャーファンドっていうのをやろうとしてるんだけど、むしろ気持ちはそっちに向いてて、「あの会社を買ってM&Aできねえかな」って。それでいま調子が悪くなってちょっと潰れかけてる会社を買って、立ち直らせるための企画みたいなものにめっちゃ燃える。

――テレビ企画が企業になっただけっていう感じですね(笑)。

鈴木　そうそう(笑)。ただ、企業のほうがサイバーエージェントになる可能性があるじゃん。だからいままさにそうで、おそらくこの先『スマスマ』や『めちゃイケ』みたいなのはテレビではできないから、自分のなかでスイッチが入らないっていうのもそこだったのかもしれない。もしかしたら自分が次に燃えられるのはベンチャーファンドっていうやつのほうなのかなって。きのうもずっと考えてたよ。「あの会社を買ったらいいんじゃないかな」って。使う脳みそは変わらないんだから、放送作家は何をやってもいいと俺は思っていて。

――まあ、そうなんですよね。

鈴木　脚本家だけやってる人のほうが絶対に凄いし、小説だけ書いてる人のほうが凄いけど、「でも放送作家だから書ける脚本っていうのもあるんじゃないの?」と思っていて。「放送作家兼脚本家」って勝手に書かれちゃうことがあるけど、俺は嫌なのね。「放送作家って夢の職業だ」って俺は言ってるんだけど、放送作家だからこそみんなもっといろいろやればいいじゃんって思っちゃう。リリー・フランキーってイラストレーターから役者になったわけじゃん。だから放送作家で役者として売れるヤツとかも本当はいてもおかしくないじゃない。なんかさ、オークラがいい芝居をするなみたいなさ（笑）。

――なるほど（笑）。もっと幅を持って生きたほうがいいんじゃない？ってことですね。

鈴木　なんかみんなすっごい真面目だよね。俺はやっぱ生き方が相当ふざけてたなと思ったよ。なんかナメてんなっていう（笑）。このあいだ家で大島（美幸）と確認したのよ。俺らは交際0日で結婚して「あれはシャレだったか、マジだったのか」みたいなことを話したのね。いわゆる時代とかもあるから、どう答えたらいいかっていうのがあるんだけど、「いや、どう考えてもシャレでしょ」っていう（笑）。そう大島が言ったときに「やっぱそうだよね」って。だから俺ひとりで「シャレだ」って言っちゃうと怒られちゃうけど、大島と会議をした結果、やっぱお互いにシャレから始まったっていうことにちゃんとハンコを押したのね。でも、それを子どもが聞いたらどう思うのかなって思うところもあるんだけど（笑）。

――そうですよね（笑）。

鈴木　でも、相当ふざけてんなって自分の人生を振り返ったときに思ったけどね。

「マジで世の中はエンターテインメントだらけ。観なきゃいけないものがあふれちゃってる。これが世の中の人の感覚なんだろうね」

――いやー、ボクたちももっとふざけなきゃいけないですね……。

鈴木　芸人がみんな真面目じゃん。いま遊べないし。もっといろんな芸人が出てきていいのにね。だから大井が格闘技をやったりとか、ああいうのって俺は凄くいいなと思ったの。大井なりのもがきでもあるし、たぶん大井はあれをやったことによって1個自分の血液を入れ替えてるというか、自分のことをスクリーニングして凄くいいなと思ったの。全然違うところで自分の付加価値をつけてるじゃん。オークラとかは意外とどストレートにコントをやって、ドラマをやってっていうストロングスタイルな付加価値の付け方をしていて大変だと思うけど、俺とかはけっこうそこを揺さぶって付加価値を付けちゃうタイプだから、放送作家のなかで人気ユーチューバーが出ないのが不思議でしょうがなくて。やりゃいいのになって思っちゃう。

――いろんな角度で自分の価値を上げていくっていう。ボクも当時おさむさんにおっしゃっていただいた記憶がありますね。「作家はいっぱいいるけど、格闘技をやってる作家はいないんだから。いいじゃん」って。

鈴木　それがなんのあれになるかはわからないけどさ。だからめちゃくちゃヤリチンのヤツとかいたらおもしろいよね（笑）。みんな遊んでないしさ。もっともがいてほしい。

――あと、発注された仕事じゃなくて、自分が書きたいと思っているものはまだ仕事じゃないから、進行している仕事を優先していくとどんどん書かなくなっていくんですよ。そのうち「なんかタイミングを逃したな」みたいなことになりがちなんですけど、そこを一歩踏み出すにはどうしたらいいんですか？

鈴木　いちばんいいのは、最終的にその書いたものを誰かに持って行くわけじゃん。誰かに持って行く人に先にしゃべってアポを取っちゃう。

――なるほど。そうして自分で締め切りを作ると。

鈴木　っていうのは、けっこうよくやる。自分のなかで勝手に「いいの思いついたんですけど」ってできてもいないのに言っちゃって、「じゃあ、今度持って行きます」って連絡して日にちを決めちゃうとそれが締め切りになるから。それはキャリアが成せる技っていうのがあって、べつに賞に応募するわけじゃないから。べつにそれがプロデューサーじゃなくても知り合いの作家に「見てほしい企画があるんだけど」って言っちゃえば、そいつに見てもらうっていうこととか、知り合いのAPとかでもいいのよ。誰かに見てもらうっていう締め切りを自分で作っちゃうことによって自分が奮い立つっていう。大変だけどな。

――なるほど。ちょっとがんばります。ボクはいつも「おさむさんっていつ書いてるの？」と思ってました。

鈴木　いや、本当だよ（笑）。このあいださ、春休みに息子と西武園ゆうえんちでやってるゴジラのアトラクションがめっちゃおもしろそうだと思って行ったら、めっちゃおもしろかったのね。で、その帰りに『ゴーストバスターズ／フローズン・サマー』を観に行ったの。それもめっちゃおもしろかったんだけど、俺ね、こんな気持ちで映画を観るのって何十年ぶりだろっていう。「仕事のことをまったく考えないで観てる！」と思って。

――ただ楽しいだけ（笑）。

鈴木　めっちゃ楽しかった。ゴジラのアトラクションも「キャーッ！」とか言っちゃって、あとで気づいたの。やっぱりどんな映画でも絶対にそういう1個、頭にバイアスをかけて観ていたんだなと思って。前とは全然違う。本当に楽しめる。だから俺はいま本を読みたいし、プロレスとかまた観に行きたいなって。長年、何に触れてもそんな気持ちで観てなかったんだなと思って。つらかったもん。

――でも、おさむさんはテレビを相当観てましたよね？

鈴木　あー、けっこう観てたね。でも、おもしろいって言われてるものをピックする、無駄打ちはしないっていうのは決めてた。でも、そろそろしたらまたテレビも観たいなと思ってるんだけど、まだ観てなくて。いまはウチの息子のサイクルにテレビがないからさ。だから下手すると俺はテレビを観なくなっちゃうなと思って。もっとテレビが気になるのかなと思ったんだけど。

――だけど全然ですか？

鈴木　いやあ、マジで世の中はエンターテインメントにあふれてるよ（笑）。いまＮｅｔｆｌｉｘで『寄生獣』も始まったし、もう観なきゃいけないものがあふれちゃって、あふれちゃって。でも、これが世の中の人の感覚なんだろうね。

――いやー、ちょっと、ボクは観てもらえるテレビを作るようにがんばります。そして楽しいところにしっかりと顔を出すこともやってみます。

鈴木　だから俺はいま放送作家のコと飲み会したいもん。大井の世代とかでも俺はもう超無責任にしゃべるよ。なんにも考えないから凄く楽しいと思う。使う脳みそが別になったから、凄くラクになったんだよね。

――現役を引退したあとに猪木みたいな感じですかね。無責任に言いたいことを言うっていうのは（笑）。

鈴木　いや、そうなんだよ。あの人の人生の半分って引退したあとじゃない。引退してからまた自分のプロデュースをして、じつは引退したあとにあの人が生み出したものって小川直也もそうだけど、結果、格闘技が流行ったのってあの人のおかげなわけじゃない。あの人って辞めたあともじつはめっちゃ生み出してるよ。ずっとクリエイターだったよなっていう。

――あと、猪木のタガが外れたのって、馬場の死後からという説もあるんですけど、おさむさんにとってのジャイアント馬場的な存在っていたんですか？

鈴木　あー、なるほどね。だからそれはＳＭＡＰの解散。自分のなかでの緊張感がなくなっちゃって、「自分はなんのためにがんばってたんだっけ？」っていう。だから辞めるっていうのもあるのかもしれない。だから、やっぱ自分はなんの番組をやるときも「ＳＭＡＰに見せつけたいと」思っていたところがある。それはドラマでもなんでも。だから失敗したときは恥ずかしいし。たとえば『帰れま10』が当たって、香取慎吾が番宣でゲストに来たときは「よーし！」とか思うのよ。木村拓哉が来たときも「よーし！」と思って、それが自分のなかで凄く快感だった。だから全部そこに向いてたんだなっていうのはあるよね。

鈴木おさむ（すずき・おさむ）
1972年4月25日生まれ、千葉県安房郡千倉町出身。元・放送作家。
高校2年生のときに『夢で逢えたら』を観て放送作家を志すようになり明治学院大学在学中の19歳より放送作家としての活動を始める。バラエティ番組を中心に数々のテレビ番組の構成を手がけ、多くのヒット番組を生み出している。おもな担当バラエティ番組は『SMAP×SMAP』『爆笑問題の検索ちゃん』『内村プロデュース』など。また映画やドラマの脚本に舞台、CMの作・演出から、エッセイや小説の執筆や作詞、ラジオパーソナリティーなど、多岐に渡るジャンルで活躍し、2002年10月には交際期間0日で森三中の大島美幸と結婚して話題になる。著書に『ブスの瞳に恋してる』『天職』『テレビのなみだ 仕事に悩めるあなたへの77話』などがある。2024年3月をもって放送作家業、文筆業を引退した。

HENTAIZADANKAI

玉袋筋太郎の変態座談会

TAMABUKURO SUJITARO

“スワンダイブ式アナウンサー”

YOSHINARI TSUJI

辻よしなり

ワールドプロレスリングでの軽妙な
実況の裏には並々ならぬ苦労と葛藤があった。
プロレスに魅了され続けた日々、
力道山の生家で猪木が男泣き!?
ヒャッホーで、笑いと涙ありのエピソード公開!!

収録日:2024年3月31日　撮影:タイコウクニヨシ　写真:山内猛　構成:堀江ガンツ

[変態座談会出席者プロフィール]

玉袋筋太郎（1967年・東京都出身の56歳／お笑い芸人／全日本スナック連盟会長）
椎名基樹（1968年・静岡県出身の55歳／構成作家／本誌でコラム連載中）
堀江ガンツ（1973年・栃木県出身の50歳／プロレス・格闘技ライター／変態座談会主宰者）

[スペシャルゲスト]辻よしなり（つじ・よしなり）

1961年3月29日生まれ、埼玉県岩槻市（現在のさいたま市岩槻区）出身。フリーアナウンサー。タレント。（有）ツジ・プランニング・オフィス所属。（株）Thanksと業務提携。
慶應義塾大学法学部政治学科卒業後、1983年にアナウンサーとしてテレビ朝日に入社。報道番組（『早起き一番 天気&ニュース』『おはようテレビ朝日』『スポーツフロンティア』『フロンティア』）から情報・バラエティ番組（『トゥナイト2』『タモリ倶楽部』『炎のチャレンジャー』）、スポーツ番組（プロレス、プロ野球など）までさまざまな分野の番組を担当する。なかでも『ワールドプロレスリング』にて数々の実況を担当し、同番組を盛り上げた。2000年10月に同社を退社して有限会社ツジ・プランニング・オフィスを設立。フリーアナウンサーとしてテレビ・ラジオ番組で活動している。

reversal

「同じアナウンス部の同僚で先輩の古舘さんに対する気持ちっていうのは、複雑なものがありました」（辻）

辻　いや〜、おひさしぶりですよね。

玉袋　超おひさしぶりですよ。たしかテレビ東京のスポーツバラエティ番組で『猪木王選手権』っていうのがあって、その決勝で辻さんと当たって、上手いプロレスをして俺が優勝したとき以来ですね（笑）。

辻　でもボクがまだテレ朝にいた頃は、玉ちゃんだけじゃなくて（水道橋）博士も含めた浅草キッドと一緒の仕事をたくさんやらせてもらいましたから、今日は昔の仲間に会えるような感じで楽しみにしていたんです。

玉袋　まあ、お互いに生きててよかったたっていうことで、まずは乾杯しますか（笑）。

辻　飲み物はアイスコーヒーですけどね（笑）。

ガンツ　この変態座談会は、玉さんとボクと構成作家の椎名基樹さんの3人で毎回いろんなレジェンドにお話をうかがっているんですが、椎名さんが本日、目覚まし時計を1時間かけ間違えたということで遅れております（笑）。

玉袋　アイツはどうしようもないんですよ。

辻　そうなんだ（笑）。

玉袋　もう社会人失格ですよ。

辻　えっ、いくつ？

玉袋　55ぐらいですね。

辻　おい、おい、おい（笑）。

玉袋　やっぱりフリーは最低限時間を守らなきゃダメだよ。「代わりは誰でもいるぞ」って言われちゃう世界だって、俺も肝に銘じてるから（笑）。

辻　玉ちゃんはフリーになって何年目ですか？

玉袋　俺は6年くらいですね。辻さんは独立が早いんですよね？

辻　ボクは24年ですね。

玉袋　すごーい！　早くにフリーになったのは、昭和の『ワールドプロレスリング』で、辻さんの前を走っていた古舘伊知郎さんがパッとフリーになったのを間近で見た影響もありますか？

辻　古舘さんとは1年ちょっとしか被っていないんですよ。でもボクにとってその存在は大きすぎるほど大きかった。それはただ単にプロレスファンから見る古舘伊知郎という男ではなく、同じアナウンス部の同僚で先輩の古舘伊知郎さんに対する気持ちっていうのは、複雑なものがありましたね。

玉袋　複雑なんですね。

辻　自分もアナウンサーですから、単に憧れて「凄いな」って思うだけじゃ済まないじゃないですか。あれだけ突っ走っている方の後塵を拝することもできないのかと。あのとき、ボクが1年目で、古舘さんが7年目でしたけどね。

玉袋 もともと辻さんはプロレス中継志望ではなかったんですか？

辻 ボクはどちらかと言うとスポーツ中継志望ではあったんですけど、プロレスに関しては「テレビ朝日に入るなら当然観ておかなきゃならないだろう」という感じで、熱狂的なファンではなかったんです。プロレスの実況を10年以上続けたあと、『猪木王選手権』で玉ちゃんに負けるくらいの人間ですから（笑）。

玉袋 いやいやいや（笑）。

（※ここで椎名基樹が遅れて到着）

椎名 すみません、椎名と申します……。大変申し訳ございません。

玉袋 もう終わりかけだよ（笑）。

椎名 ええ～っ！ すいません！

ガンツ いや、まだ始まったばかりです（笑）。

辻 彼が噂の？

玉袋 はい、噂の社会人不適合者です（笑）。話を戻すと、当時のテレ朝の花形スポーツっていうのはなんだったんですか？『世界水泳』とかはまだないですよね。

辻 ないですね。

玉袋 あっ、わかった。『大相撲ダイジェスト』だ（笑）。

辻 ほかには『エキサイトボクシング』や、『ビッグスポーツ』っていう枠があって、アマチュアのバレーボールを放送したりしていたんです。それくらいで、テレ朝独自のスポーツコンテンツでこれっていうものはなくて、逆に言えば『ワールドプロレスリング』が花形ですよ。

「師匠と弟子っていう、いまは芸人の世界でも少なくなりつつある関係性が局アナにあったということか」（玉袋）

ガンツ 絶頂期はテレ朝の全番組のなかで『ワールドプロレスリング』が視聴率1位を獲ったこともあるらしいですもんね。

辻 それはやっぱりタイガーマスクの影響でしょうね。

玉袋 辻さんが入ったのは、そのときなんですよね？

辻 ボクが入ったときにはもうタイガーマスクがいて、当時は古舘さんと保坂（正紀）さんがしゃべってました。

玉袋 佐々木（正洋）さんは？

辻 佐々木さんは実況はやっていないですね。

玉袋 リポートかな？

ガンツ １９９０年の2・10東京ドームで、猪木さんに「出る前に負けること考えるバカいるかよ！」って、ビンタされ

てますよね（笑）。

椎名　ビンタ一発でプロレス史に残るアナウンサー（笑）。

辻　ボクが入ったときに佐々木さんは『アフタヌーンショー』で須藤（甚一郎）さんらに混じって芸能レポーターをやられていましたね。川崎敬三さんと一緒に丁々発止で。

玉袋　『アフタヌーンショー』で、やらせリンチ事件が起きる前ですね（笑）。

辻　よく憶えていらっしゃいますね。テレ朝の黒歴史を（笑）。

玉袋　すぐ、そういうことを思い出しちゃうんですよ。忘れてやれよって（笑）。

辻　黒歴史ネタといえば、玉ちゃんだもんね（笑）。

椎名　黒歴史評論家（笑）。

玉袋　でも、その当時にプロレス中継に携わったというのは、いま考えるとベストだったんじゃないですか？

辻　あとから考えると、タイミング的にそうですね。ボクのひとつ上で『ワールドプロレスリング』のリポーターをされていたのが朝岡聡さんで。とても優秀な方だったので、朝岡さんがスポーツニュースキャスターに抜擢されて、その枠が空いたんですよ。そこがボクのスタートなんで。

玉袋　その前にアナウンサーとして下地をつけるための勉強で、いろんなジャンルの実況とかをやるんですか？

辻　研修に関しては、ボクは研修マニアと言っていいほどやりましたね。出来が悪かったんで。ボクが入ったとき、アントニオ猪木vsモハメド・アリの実況をされた舟橋慶一さんがアナウンス部副部長で、研修の長をやられていたんですよ。厳しいことで有名な方で、ボクたちは「大魔神」と呼んでいたんですね（笑）。

玉袋　いいですね～（笑）。

辻　いつも終わったら「メシに行くぞ！」、そのあと「飲みに行くぞ！」と。それで結局、夜中の1時、2時まで連れ回されて。当時はタクシー使い放題ですよ。

玉袋　テレ朝の徒弟制度のなかで舟橋さんというのはやはりトップなんですか？

辻　いや、徒弟制度は舟橋さんが作り、舟橋さんで終わったんですよ（笑）。

玉袋　舟橋スタイルだったんですか！（笑）。

辻　ほかにも厳しい方はいらっしゃいましたけど、舟橋さんに付くと、マンツーマンで365日一緒ですから。舟橋さんの革の重い鞄を1年目のボクはいつも持たされていたんですけど、雨が降ってくると革にシミがつくじゃないですか。なので自分の上着を脱いで鞄をくるんでましたから。まるで織田信長の草履を懐で温める豊臣秀吉ですよ。鞄を温めてどうするんだっていう（笑）。

玉袋　師匠と弟子っていう、いまは芸人の世界でも少なくなりつつある関係性が局アナにあったというね。

辻　たぶんボクが最後の最後だと思いますね。新入社員時代、他局の同期と会ったりすると、「どう、元気？」ってなるじゃないですか。それでこっちが「研修って大変だよね」って振ると、彼らは「でも楽しいよね」って言うわけなんですけど、ボクは楽しくないわけですよ（笑）。

ガンツ　テレ朝だけは研修というより修行（笑）。

辻　修行なんです。でも猪木さんの言葉じゃないけど、そこで馬鹿になることが重要なんですよ。「馬鹿になれ」って言われて本当に馬鹿になってましたからね。

椎名　アナウンス馬鹿一代（笑）。

「舟橋慶一さんから『娘の結婚式の司会をおまえがやってくれないか？』と言われて、ボクは電話口で男泣きですよ」（辻）

玉袋　たとえばフジテレビだったら露木帝国があったのかなとかさ、考えちゃうんだよね。

辻　でも、それはさすがになかったみたいですよ。

玉袋　やっぱりテレ朝特有の舟橋帝国だったと（笑）。

辻　舟橋さんがテレ朝にいなかったらそういう流れにはなっていなかったと思います。やっぱり義理人情が好きな人とそうでない人がいると思うんですよ。

玉袋　熱い人とクールな人がいると思いますけど、舟橋さんはもちろん熱い人なんですよね？

辻　もう火傷するくらい（笑）。

玉袋　熱すぎだよ！（笑）。でも、そこをくぐり抜けた人とそうじゃない人だと、全然違ってくると思うんですよ。

辻　自分がくぐり抜けられたかどうかはわからないけど、それは玉ちゃん自身に当てはまるんじゃないですか？（笑）。

玉袋　いやいや（笑）。

辻　でも舟橋さんには、出来の悪いボクを本当に鍛えていただきました。その後、関西支局で営業に移られて、舟橋さん独特のコミュニケーション能力で売り上げを何倍にもして、最終的に秋田朝日放送の社長に近い役職で定年を迎えられたんですけど。舟橋さんが関西支局に行かれていた時代、「おう、元気か？」って突然電話がかかってきたんですよ。それで「舟橋さん、ごぶさたしています！　なんとかやってます！」って。

玉袋　電話なのに直立不動で（笑）。

辻　もう本当に（笑）。それで「辻、ちょっと聞いてくれないか」って言うから、「えっ、どうしたんですか？」って聞いたら、「娘が結婚するんだ。結婚式の司会をおまえがやってくれないか？」って言うんですよ。「いやいやいや、古舘さんもいれば、松苗さん、保坂さんといろいろいらっしゃるじゃないですか。朝岡さんも森下さんもいるし。ボクなんてとんでもないです！」と言ったら、「おまえにやってほしいんだ」と。ボクはそのとき泣いてたんですよ。「わかりました！　いいんですね、ボクで。下手ですけど」って。「下手とかうまいじゃないんだ。おまえの実況やしゃべりには心がこもってると俺は思ってるから」みたいなことを言ってくれたんですよ。

玉袋　泣かせますね、親分。

辻　もうボク、大泣きですよ。電話口で。

玉袋　いいですねー。

辻　ボクをただ単にわがままで夜の街をひきずり回していただけじゃなく、そこは暴君のひと粒の涙みたいなね。心のどこかにカイロを忍ばせているような温かさがある方なんです。ボクがさっき言ったことを埋め尽くす言葉にはなりませんけども（笑）。

椎名　大魔神とか（笑）。

辻　だからボクは本当に感謝してます。つらい仕打ちではなく、しっかりと研修をやっていただいて、夜の研修までやっていただいて。

玉袋　すべてが研修ですよね。

辻　ある日、渋谷のスナックで飲んでいるときに100円玉を渡されて、「タバコを吸いたいからこれで100円ライターを買ってきてくれ」って言われたんですよ。深夜2時くらいで、当時は夜中に売っているところなんてないんですよ。

椎名　コンビニもないですもんね。

ガンツ　セブンイレブンがリアルに夜11時で閉まっていた時代ですよね。

辻　それでいろんな飲み屋に飛び込んで、「ライターを売ってくれませんか？」って聞くと、「売り物のライターはないけど、お客さんが忘れていったのがあるから持っていきな」と言われるんですよ。でもオイルが減っちゃってるんで、これじゃ買ってきたことにならない。それでボクは飲み屋を30軒くらいまわったんだけど、結局、新品の100円ライターを売ってる店がなくて、それでもアリバイを持っていかなきゃいけないので、各店でマッチをもらっていったんですよ。

玉袋　営業マンですね、それ（笑）。

辻　1時間半くらい渋谷の街を駆けずりまわって、朝4時頃にスナックに戻って、30個のマッチを見せながら「これだけのところに行ったんですけど、100円ライターを売ってくれなかったので、申し訳ないですがこのマッチで火をつけていただけませんか？」って言ったら、「いや、それはうれしいけど、火はママにつけてもらったほうがいいもんな」って言いながら、プハァーっと吸い始めて。そのとき、ほかの先輩方も数名一緒に飲んでいたんですけど、ボクが100円ライターを求めて駆けずりまわっているとき、舟橋さんは「辻はどうするだろうな?」って言ってたらしいんですよ。

玉袋　なるほど。ある意味で試されてたっていうことですね。

辻　これをどう切り抜けるか、できないことをどうやってごまかすか。

玉袋　その答えは教科書には載ってないよ（笑）。

辻　そこを試されてたんだって、あとで気づきましたね。

玉袋　これはマッチ売りの少女を超えたな（笑）。

「北朝鮮で力道山の生家に行ったとき、猪木さんがボロボロ泣いていたんですよ。あんな姿を見たのは初めてです」（辻）

辻　そういう飲みの席でのムチャぶりでも鍛えてくださったんですよね。ボクは後輩たちにそういうことはしませんでしたけど。

玉袋　いい話ですよ、それは。辻さんがそれを下にはやらなかったというのも含めてね。

辻　そういうことができる雰囲気ではもうなかったから。舟橋さんがいないアナウンス部は。

ガンツ　不適切にもほどがある最後の時代だったわけですね（笑）。

辻　テレビ業界でいえば、ADくんなんてもっと大変なんだから、それに比べたら俺なんてとも思いますけどね。

玉袋　でも辻さんね、いまのADは何か用意しろって言われてもドン・キホーテに行って終わりなんですから。あそこでなんでも買えちゃうんで。俺はあの黄色い袋を持って、「ありました!」って来るADをあんま信用しねえから（笑）。

椎名　厳しいなあ（笑）。

辻　ドン・キホーテで買ったとしても、あの黄色い袋でそのまま持ってきちゃうのは馬鹿だよね（笑）。

玉袋　ダメだよ（笑）。

辻　結果が早ければいいでしょっていう世界じゃなくて、そのプロセスというか「おまえ、苦労したんだな」みたいなところを若干匂わせる。その匂わせ方もやっぱり大事なんじゃないですかね。

玉袋　そうだと思います。あとは叱られ上手、褒められ上手がいまは少ないんだよ。俺だって一門のなかにいて、厳しいなかで褒められたら気持ちいいし、人前で褒めたほうも気持ちいいわけですよ。それこそ普段はあんなに厳しい力道山が、旧知の前田山が付き人の猪木さんを指して「コイツ、いい顔してるね」って言ったときに「そうだろ?」って笑顔を見せ、その一言で猪木さんは救われたっていう。あれと一緒だよね。

辻　猪木さんと力道山の話で言うと、自分も猪木さんと一緒に北朝鮮に行かせていただいたときがあって。平壌から力道

山の生家、お墓に行くことになったんですけど、スケジュールが詰まっていてヘリコプターじゃなきゃ行けなかったんですよ。猪木さんは当然「行く」と言うから、それをカメラに収めなきゃいけないけど、ヘリコプターには4人しか乗れないからディレクターは乗れず、テレ朝からはボクとカメラマンだけが乗ったんです。それも北朝鮮のヘリコプターですからね（笑）。

玉袋　怖えな、おい（笑）。

辻　これはいくら危険手当をもらってもいいなと。それで生家の前に行ったら、3メートルぐらいの大きな石碑があって、そこにハングル文字が書かれてあるわけですよ。そうしたら一緒についてきてくれたガイドさんが日本語がしゃべれる方で、「力道山少年のお母さんが『漬物を漬けたいのでちょっと重い石を持ってきて』というふうに言ったところ、力道山少年はこの岩をお母さんに差し出したら、お母さんは『これはあまりにも大きすぎるわね。もうちょっと小さいのを持ってきて』と。そうしたら力道山少年は『そうなんだ』と言って投げたら屋根を超えて向こうまで飛んでいった伝説の岩なんですよ」と説明してくれたんです（笑）。

玉袋　神話の世界だよ（笑）。

辻　で、ボクも思わず笑っちゃって、「いやいや、さすがにこれは……猪木さん、ねえ?」って、猪木さんを見たらボロボロ泣いていたんですよ。

玉袋　うわっ、そうなんですか?

辻　俺にはわからない、猪木さんの力道山先生に対する特別な思いがあって、頭のなかにいろんなものが去来したんでしょうね。目を真っ赤にしてブワーッと泣いているんです。あんな猪木さんを見たのは初めてですよ。

玉袋　それは凄いな。

辻　そこで笑っちゃった自分が凄く恥ずかしくなっちゃって。

玉袋　北朝鮮で興行をやること自体、力道山先生への恩返しという意味合いもデカいでしょうしね。

辻　その思いは大きかったと思います。もちろん日本と北朝鮮は国同士の問題も抱えているから、ひとつの突破口になればという意味ももちろんあったと思いますけど、力道山先生の祖国ということに強い思いがあったと思う。じゃなきゃ、あれだけのイベントをわざわざやらないでしょう。本来はサッカーのワールドカップ2次予選をやるはずだったメーデースタジアムに19万人ですから。

玉袋　それは数々のドーム興行を実況してきた辻さんにとっても最高記録ですよね。

辻　本当におっしゃるとおりで。すり鉢状の作りで19万人から歓声があがると、実況席のテーブルに置かれた水を入れたコップが地鳴りでカタカタと揺れるんですよ。

玉袋　『ジュラシック・パーク』ですね（笑）。

辻　あるいは『ポルターガイスト』。あれは初体験だし、凄かったですね。

「あの古舘カラーに染めあげられた番組を辻カラーに変えていくっていうのは、凄く大変だったんじゃないかと思います」（玉袋）

玉袋　北朝鮮で実況するっていうのも凄い経験ですよ。

辻　2日間やりましたけど、出場したレスラーにとってもいい経験になったんじゃないですか。そこで結ばれた北斗晶と佐々木健介もいますし（笑）。

玉袋　盗聴器が仕掛けられた筒抜けの部屋で、北朝鮮政府に部屋で何をしていたかみんな聞かれていたっていうね（笑）。

辻　あの北朝鮮の『平和の祭典』は19万人も集まりながら、経費がかかりすぎて新日本は億単位の借金を背負っちゃったらしいんだけど、それが結果的に新日本vsUインター全面対抗戦、歴史に残る武藤敬司vs髙田延彦につながるわけですからね。

玉袋　億単位の損失補塡のために、長州が「よし、ドーム押さえろ！」っていうね（笑）。

辻　プロレスにも流れってあるじゃないですか。表のストーリーとしての流れだけじゃなく、その裏側にも流れがあるんですよね。

椎名　金の流れが（笑）。

辻　キャッシュ・フローの世界もあれば、人の気持ちが揺れ動く世界もある。裏も表もいろんな局面で現れて、それが渾然一体となって展開していくのがプロレスの凄さだなと思いますよ。

玉袋　辻さんはそこを至近距離で見てきたわけですもんね。

辻　足かけ16年かな。まさかそんなにやるとは思わなかったですけどね。

玉袋　プロレスは本当にヒューマンスポーツだからね。エンターテインメントといっても、そこに嫉妬や怒りなんかも含めた人間の感情がかならず出てくる。それがありながら試合を成立させている様を、実況するわけですもんね。

辻　玉ちゃんもご存知のように、プロレス界は個性が強い人が圧倒的に多いじゃないですか。

玉袋　個性のかたまりですよ。

辻　個性的すぎる人たちがいっぱいいる。それがリングでぶつかり合うわけですよ。それも凄くピュアなハートで、自分をさらけ出しながらぶつけ合う。だから泣けるし、時には笑っちゃいけないけど笑えるようなことも起こるわけですよ。

椎名　蝶野さんは、破壊王の「時は来た！」で笑っちゃいましたけどね（笑）。

辻　札幌の「猪木問答」もそうじゃないですか。それはリング上で猪木さんを含めみんなが本気で感情をぶつけ合ったかね。

らこそ、胸に響くものがあったし、笑えるシーンもあった。

椎名　中西学も大真面目だから笑えるんですよね（笑）。

玉袋　愛すべき野人だよ。

ガンツ　そういう世界に、もともとはプロレス志望じゃなかった辻さんがハマっていったのがおもしろいですね。

辻　そういう世界だと知ったことで、ボクはどんどんハマっていきましたね。

玉袋　でも80年代のプロレス中継は古舘カラーに染めあげられたあと、辻さんにセンターマイクが来るわけじゃないですか。そのとき、古舘カラーの番組を辻カラーに変えていくっていうのは凄く大変だったんじゃないかと思うんですけど。

辻　大変なんてもんじゃないですよ。

玉袋　そうですよね。

辻　だって古舘さんがメイン実況をやっているとき、ボクはリポーターをやりながら「この人には敵わない」と思うくらい、はるか先に行っちゃっていた人だから。言ってしまえば、1光年先を行っている人なんですよ。1年前に発した言葉がいま着いたみたいなね（笑）。

椎名　そこまで先でしたか（笑）。

辻　そんな1光年先の人が座っていた席で「辻、次はおまえがやれ」って言われても土台無理な話ですよ。だから最初にプロレスのメイン実況を打診されたとき、「いや、無理で

す」って言ったんです。ましてやボクは『ワールドプロレスリング』のリポーターを10カ月でクビになって、一度番組からは離れてましたから。辻にプロレスはダメだって、ブラックリストに載っていたくらいで。

ガンツ　新人時代にリポーターをやって、１９８８年４月からメイン実況になるまで数年ブランクがあったんですね。

辻　そうなんです。金曜夜8時の番組から離れて朝の番組をやって、『トゥナイト』を3年間やって、そのあと突然『ワールドプロレスリング』っていう話になったんですよ。

ガンツ　辻さんがメイン実況になったのは、『ワールドプロレスリング』がゴールデンタイムから外れて、土曜夕方4時になったタイミングなんですよね。

辻　そうです。その後、また深夜に移るんですけど、世間からは「プロレスは終わったな」と思われている時期ですよ。新生ＵＷＦができて、前田（日明）さん、髙田さんたちがみんな抜けたあとで。

「8・8藤波 vs 猪木は、猪木さんとの男の約束で古舘さんが実況席に座った。でも自分は『俺の力が及ばないんだ』と思うわけですよ」（辻）

玉袋　言い方は悪いけど、草木も生えないところに辻さんはいきなり行かされたわけですね。

辻　闘魂三銃士もまだ海外修行から帰ってくる前で、それでも必死にプロレスを勉強して実況していたんですけど、1988年8・8『スーパーマンデー・ナイト・イン・ヨコハマ』横浜文化体育館でおこなわれた、藤波vs猪木の60分フルタイムドロー。あの試合だけはボクじゃなくて古舘さんがしゃべるわけじゃないですか。

ガンツ　1試合だけのために、古舘さんが1年半ぶりに実況にカムバックしたんですよね。

辻　あの藤波vs猪木は、猪木が負けたら引退がささやかれていた試合で。猪木さんと古舘さんのあいだにあった「引退試合は実況する」という男の約束も果たすべく、古舘さんがふたたび実況席に座るという形だったんですけど。自分としてはそんなことより「俺の力が及ばないんだ」と思うわけですよ。

玉袋　本人はそう思っちゃいますよね。バラエティのメインMCになったと思ったら、特番だけは前任のMCに替えられちゃうようなね。

辻　実際、俺の力がまだまだ足りないのは事実だったんです。1988年4月に始めて、まだ4カ月だったんで。1988年4月っていうのは、飛龍革命がブチ上がったときですから。沖縄の奥武山体育館で藤波さんが前髪を切るのを、ボクは目の前で見ましたから（笑）。

玉袋　歴史の目撃者だよ（笑）。

椎名　笑いそうになりませんでした？（笑）。

辻　いや、その頃はプロレスがまだよくわかっていなかったので、「これは何をやってるの？」と（笑）。

ガンツ　全員大真面目ですからね。

辻　でも実況を続けるなかで、プロレスの流れというものに気づくわけですよ。「8月に特番が組まれてるから、それを逆算して4月にああいうことが起こって、8・8横浜に向けて流れていくんだ」と。

玉袋　横浜に向けて、沖縄で種を蒔いてたんだって気づいたわけですね。

辻　あの沖縄の飛龍革命では、猪木さんが「藤波、やれんのか、おまえ！」って顔面を張るわけじゃないですか。ボクがあとから思ったのは、あのときに猪木さんは「おまえは俺のあとを継いで新日を引っ張っていけるのか？」っていうことと同時に「8・8横浜の特番で俺とできるのか？」っていう意味を込めて「やれんのか！」って言ったんだろうなと。

ガンツ　団体と番組を背負う覚悟を問うたわけですね。

辻　それに対して、藤波さんがもの凄いビンタで返答したわけじゃないですか。藤波さんが猪木さんの頬を張ったときにすげえ音がして、俺はビックリしたんですから（笑）。

椎名　藤波さんも何を言ってるかわからないし（笑）。

辻　でも、あのときの藤波さんの立場が自分のオーバーラップして、凄く感情移入できたんですよね。

ガンツ　藤波さんは猪木さんに代わるメインイベンターが務まるかどうかが問われていたし、辻さんも長年古舘さんが務めていた番組のメイン実況を務められるかが問われていたわけですもんね。

玉袋　辻さんも心のなかで前髪を切っていたわけだな。

辻　局アナですから、業務命令が下ればやらなければいけない。それでも「ブラックリストに載ってるような俺がなんで?」と思ったわけですよ。そうしたら『ワールドプロレスリング』はそのタイミングから、プロデューサーもディレクターもガラッと替わって、なんと元制作にいた『水曜スペシャル』川口浩探検シリーズの名プロデューサーの方が『ワールドプロレスリング』のプロデューサーになったんです。

ガンツ　だから『88ワールドプロレスリング』のオープニングは、川口浩探検シリーズでおなじみ田中信夫さんのナレーションが入るんですよね。

玉袋　「バーゴンは実在した!」みたいな(笑)。

ガンツ　探検隊と同じように「ここでベイダーの恐るべきリアットが火を吹いた」とか、オープニングで予告しちゃうという(笑)。

辻　その川口浩探検シリーズのプロデューサーだった加藤さんがきっかけで、ボクはプロレスの実況をやることになったんですよ。あるとき、加藤さんがボクを食事に誘ってくれて「俺はプロレスのメイン実況ができるのは、おまえしかいないと思っている。1回勝負してみないか?」って言ってもらえたんですよ。そうすると俺も馬鹿だから、その言葉に乗っかるわけですよ。「えっ、俺でいいんですか?」と(笑)。

玉袋　「おまえしかいない」って言われたらね(笑)。

辻　向こうも百戦錬磨のプロデューサーですから、ボクは赤子の手をひねるようにやられちゃったわけですよ(笑)。

「解説者がマサ斎藤さんという予定調和じゃない人だったから、放送もスリリングだったんじゃないですか?」(ガンツ)

玉袋　でもプロデューサーが直々に口説くくらい、辻さんが買われてたってことですよね。

辻　いや、そう言っていただけたのはうれしいけれど、プロレス中継は新人時代にリポーターを10カ月やっただけで、実況はやったことがないから、いきなりはできないわけですよ。まず、入場シーンでしゃべる言葉が浮かばない。だから最初は知り合いの作家に頼んで入場のコメント書いてもらい、FAXで体育館に送ってもらった原稿を読みながら実況していたんですよ（笑）。

玉袋　えっ！　辻さん、そこまで言っちゃっていいんですか!?（笑）。

辻　でも、これは本当の話だから。ボクは古舘さんの実況を間近で聴いていましたけど、あの人の造語能力はもの凄いじゃないですか？　あれ以上のものを作ろうと思って、アナウンス原稿を書こうとすると筆が止まるんです。それで慣れるまでは書いてもらおうということになって、FAXで入場シーンの原稿が届くと「剛腕バズーカがキャタピラの音をけたたましく鳴らしながら、砂埃を上げて入場してまいります、長州力！」とか書いてあるわけですよ。「あっ、なるほどね。こうやってしゃべるのか」と（笑）。

椎名　素直（笑）。

辻　キャタピラなんかまわしてないけど、砂煙も何もあがっていないけど、こういう比喩を使えばいいのかと。そうやって最初は書いてもらった原稿を読みあげていたんですけど、徐々に慣れていって、最終的には入場コメントも書かず、資料に「○○vs○○、IWGPヘビー級タイトルマッチ」としか書かれていないところまで行けたんです。

玉袋　資料すらいらないと。凄いですね、それは！

辻　何も読まなくなったのにはきっかけがあって。ボクは途中から自分で作った資料原稿を読みながらやっていたんですけど、あるとき、試合中に原稿に目を落としてしゃべっていたら、重要なシーンを見逃しちゃったんですよ。それを解説の柴田（惣一）さん、マサ（斎藤）さんにたしなめられて、「これじゃダメだ」って気づかされたんです。試合のモニターではなく原稿に目が行っちゃってる、それじゃ臨場感も何もないなって。そこから放送直前までは資料やプロレス雑誌、東スポを穴が空くほど読み込むけど、放送席に資料原稿は極力、持ち込まないようにしたんです。

玉袋　すげえ！　これは比べちゃいけねえけど、俺の『町中華で飲ろうぜ！』も台本がないからね（笑）。レバニラ炒めなんかをポンッと出されて、その場のアドリブで何か言わなきゃいけねえ。また、町中華はどの店に行ってもメニューが同じだから、毎回違いを出すのも難しいんだよ。

辻　毎回同じっていうのはプロレスもけっこう似ていて、テレビに映るメインイベンターって、対戦カードこそ違うとはいえ毎回ほとんど同じなんですよ。そこで毎週どう実況で違いを出すかと考えた末、古舘さんなんかはその土地に伝わる伝承だったり名所・旧跡なんかの話も入れ込んで、「○○から実況生中継でお届けしています」ということを言ったんだと思うんですよ。それは自分でもやっていくうちに合点がいくようになるわけですよね。

ガンツ　辻さんの場合、解説者がマサ斎藤さんという予定調

和じゃない人だったから、放送もスリリングだったんじゃないですか？（笑）。

椎名　たしかにマサ斎藤を解説に選んだのが凄い。何を言い出すかわからないもんね（笑）。

辻　番組の最初にいつも「解説はおなじみ東京スポーツ新聞社の柴田惣一さん、そして獄門鬼・マサ斎藤さんです」って言っていたわけですよ。そうしたらある日、本番中の試合が始まっているときにマサさんが「ねえ、その獄門鬼ってなに？」って聞いてきたんですよ。これは放送にも乗ったと思うんですけど。

ガンツ　試合以上に「獄門鬼」の意味が気になっちゃって（笑）。

辻　「いやいや、獄門鬼っていうのは地獄の門番なんですよ。だからどれだけ強いかっていうのを形容するために獄門鬼・マサ斎藤と呼ばせていただいております」って言ったら、「フンフン、そうか」みたいな（笑）。

椎名　納得してました？（笑）。

辻　おそらくまわりからも言われていたんでしょうね。「あのキャッチフレーズはなんとかしたほうがいいんじゃないの？」って（笑）。

玉袋　カミさんじゃねえか？（笑）。

椎名　本当にアメリカの刑務所、獄門に入った人だもんね。

玉袋　それで得意技が監獄固めだもんな（笑）。

辻　でもマサさんは猪木さんと同じくらいテレビのことを考えてくださった方だったんですよ。解説での会話のおもしろさだけじゃなく、試合中はカメラの位置を確認して、その正面で技をかける。だからサソリ固めをかけるとき、リング下のカメラの位置を探して、２７０度回転したこともありますから（笑）。

玉袋　逆回りのほうが早えよ（笑）。マサさんはアメリカのテレビマッチをずっと経験しているから、どっちが正面なのかを常に意識していたんでしょうね。

「ボクの脳内には下町のおでん屋のカウンターの向こうに越中詩郎がいるのが見えた。だから〝ド演歌ファイター〟なんです」（辻）

椎名　あと辻さんの実況って、古舘さんのキャッチフレーズ主義を受け継いでいると思うんですよ。

辻　受け継ぐというか、レベルが違いますけどね（笑）。

椎名　技の名前なんかにしても、「スワンダイブ式」っていうのは辻さんが言い始めたんですよね？

辻　そうですね。あれは「白鳥が翼を広げて舞い降りるような」っていう水泳の飛び込み競技用語なんですけど、トップロープをバネにして飛ぶ姿を表現して。

椎名 あれは完全に技の名前として定着していますもんね。

辻 あとトップロープからのダイビング技を相手にかわされたとき、「無人島に降り立った」とか、ボディプレスにヒザを立てて迎撃するのを「剣山」っていうのもボクが最初に使ったんですよ。

玉袋 ある意味、新語を生み出して定着しているわけだからね。凄いですよ。

椎名 選手のキャッチフレーズでは、越中さんの「ド演歌ファイター」もよかったですよね。

辻 古舘さんには完璧に否定されたんですけどね。「あれはべつによくねえだろ」みたいな（笑）。でもボクの脳内には下町のおでん屋のカウンターの向こうに越中詩郎がいるのが見えたんですよ。

玉袋 『演歌の花道』のイメージだね（笑）。

辻 だから最初は「闘う白袴」とか「ど根性ファイター」とか言っていたんですけど、「なんか違うんだよな……」と思っていて。やっぱり越中さんといえば、全日本から新日本に移って苦労して酸いも甘いも噛みわけた、「酒の味は俺にはわかるよ。おでんの染み方もわかるんだよ」っていう感じを表現したくていろいろ考えて。そのとき、おでんの湯気の向こうに越中さんの姿が見えたんで「ド演歌ファイター、越中詩郎」という言葉が出てきましたね（笑）。

椎名 あれはよかったなって思いますよ。

辻 やっぱり、プロレスラーってただの競技者じゃないんですよ。ファンもそのレスラーの人生模様を見ているわけじゃないですか。そしてレスラーそれぞれが人生の轍を持っている。

玉袋 そうなんだよね。その轍を見続けてるんだよ。

辻 その人生の轍と轍がリングで重なり合ったのが（1993年1月4日に）東京ドームでおこなわれた長州力vs天龍源一郎だなと思ったんですよ。あのときにボクは「長州力と天龍源一郎、ふたりのファイティングロードは、決して平坦ではありませんでした。言ってみれば、大雨が降ったあとの泥の道に2台の大型トラックが深い大きな轍を作りながら走ってきた。その轍と轍がぶつかり合った交差点が、この東京ドームです！」って実況したんですけど、これは自分でしゃべりながらゾクゾクしたんですよ。

玉袋 いいですね。聞いてるこっちも燃えてきますよ。

辻 やっぱりね、あの入場シーンで人生が見えて、ボクらアナウンサーもその人生を実況できるスポーツっていうのは、プロレス以外にないんじゃないかな。実況しながら目頭が熱くなるようなことは何度もありましたから。

玉袋 その天龍vs長州の1年後、今度は天龍さんが猪木さんとドームでやったときに先にリングインして、猪木さんがあとから入場してくるのを見ながら「俺もようやくこの男と相対することができると思った」みたいな思いを聞くと、こっちもより深く試合にのめり込んじゃうんだよね。

辻　ボクが主に実況をやらせていただいた90年代っていうのは、猪木さんも途中までまだ現役で、長州さん、藤波さん、天龍さんがいて、闘魂三銃士がいる。凄くいい時代にやらせてもらったなって、いまになって思いますよ。

椎名　ドームプロレスの黄金期ですからね。

玉袋　あの時代の東京ドームでおこなわれた新日本の名勝負のほぼすべてを辻さんがしゃべってるっていうのは凄いことですよ。

辻　でもボクは80年代の古舘さんの存在があまりにも大きかっから、なんとか自己肯定する要素を見つけ出さないとプロレスの実況は続けられないと思ったんですよ。だから古舘さんがプロレス実況をお辞めになったあと、「G1クライマックス」やドーム興行が始まって。番組開始の放送席のワンショットのとき、自分の姿が東京ドームバックスクリーンの大ビジョンに映し出されたとき、「これは古舘さんも経験されていらっしゃらないことなんだな。俺しか経験してないんだ」っていうようなことを自信に変えなければならないときもありましたね。お恥ずかしい話ですが。

玉袋　でも実際にそのとおりですからね。

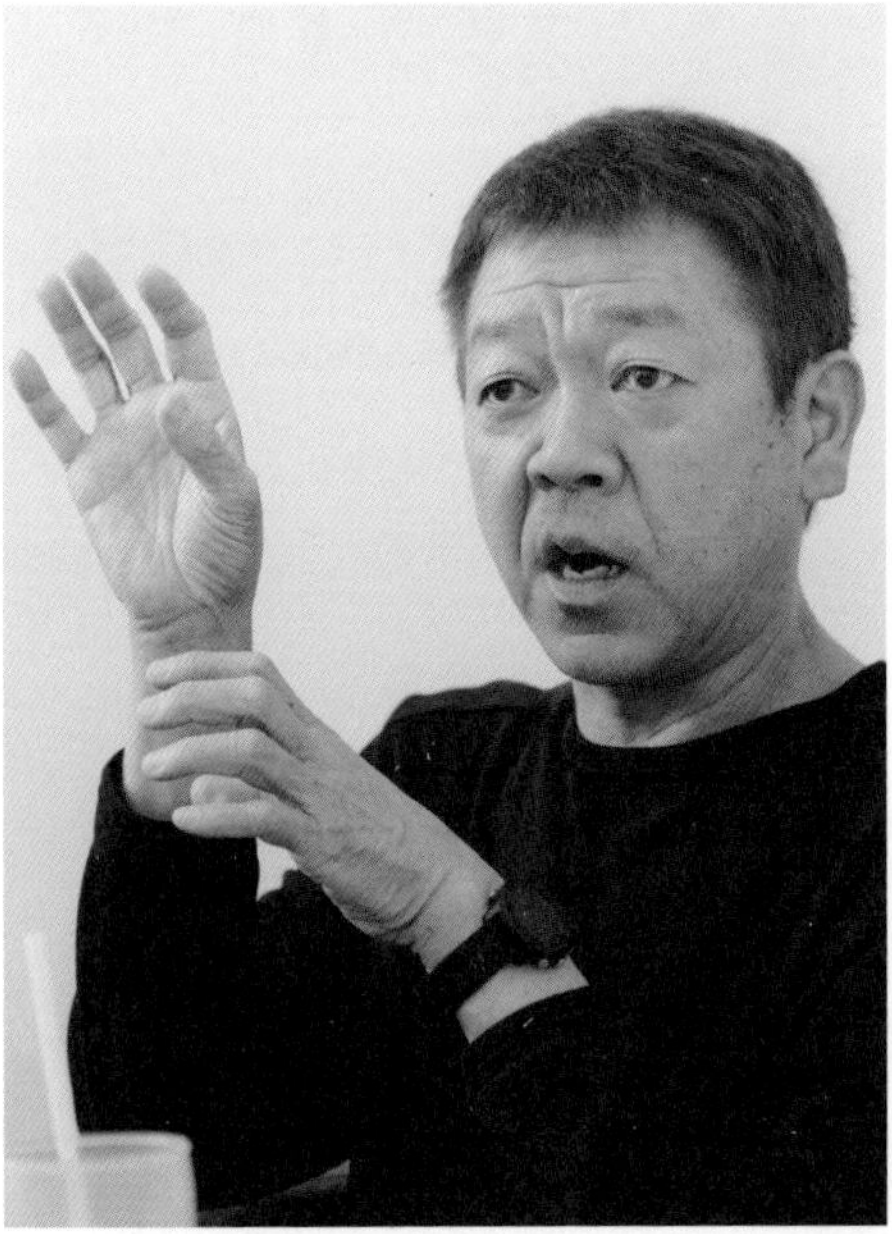

辻　古舘さんの幻や亡霊が、『ワールドプロレスリング』にはずっとついていたような気持ちがしていたんですよ。実際、ボクのところに視聴者から手紙が何通か届いて、そこには「いつも『ワールドプロレスリング』を楽しませていただいております。ボクはこの番組の最高の楽しみ方を発見しました。それは音声をミュートにすることです」って書いてあったんです。

椎名　わざわざそんな手紙を書いて送ってくるんですか!?

辻　アナウンス部で深夜ひとりでそれを読み、涙しましたよ。視聴者からの感想の手紙が自分のデスクに置いてあって、「ああ、ありがたいな」と思って読んだら、「音声をミュートしてます」ですから（笑）。そういう手紙はけっこう届きましたね。

「辻さんが『明日にも自殺をしようと思っている人がいるかもしれません』が実況で言っていて、『すげえ！』って思った」（椎名）

玉袋　そんなの耐えられねえよ。それでもプロレス実況を10何年も続けた、辻さんのタフさが凄い。

辻　そういう手紙が多かったのは、最初の2～3年ですけどね。とにかく、あの頃のプロレスファンは熱かったんで。

椎名　ちょっと狂信的な部分もありましたもんね。

ガンツ　でも、それから時が流れて、武藤さんが『プロレスリング・マスターズ』を開催して、辻さんが実況したときがあったじゃないですか。あのとき、スペシャル実況アナウンサーとして会場で紹介されたとき、後楽園ホールが大歓声と拍手に包まれて「なんだ、みんな辻アナの実況が大好きなんじゃないか！」って思いましたよ（笑）。

辻　もっと早く言ってよって。ボクが知っているファンの反応は、そういう手紙くらいしかなかったんだから（笑）。

玉袋　「俺のことをもっと褒めろ！」と（笑）。

ガンツ　辻さんは、闘魂三銃士の全盛期をすべて実況した人ですからね。あの時代のプロレスファンは、辻さんの実況とともに自分の青春があるわけですから、思い入れも深いと思います。

玉袋　振り返ってみると、凄いアナウンサー人生だと思いますよ。

辻　いやいや、七転八倒の連続ですけどね。

椎名　今日、古舘さんを超えるためにアドリブにしたっていう話と、「しゃべりに心がこもってる」と舟橋さんから褒められた話を聞いて思い出したのは（1996年）1・4ドームでやった猪木vsベイダー戦の実況なんですよ。あの試合で猪木が追い込まれたシーンで辻さんが「苦しくて、もがいて、明日にも自殺をしようと思っている人がいるかもしれません。しかし猪木は逆境から這いあがるということを体現しているわけであります！」って実況しているのを聞いて、「すげえ！」って思ったんです。そんなのテレビで言っていいのかどうかもわからないし、ギリギリなことを言ってるなって。

辻　さっきお話した『水曜スペシャル』のプロデューサーの方と一緒にご飯を食べる機会がその後は増えたんですけど、「古舘を越えたい、追いつきたいという気持ちがおまえにはあるだろうけど、それはいっさい考えるな。それよりもギリギリで勝負しろ」って言われたんですよ。要するに「こっち側に落っこちたら放送人としてはダメだけど、その手前の放送コードギリギリのところで表現できるアナウンスっていうのは、プロレスに向いていると思うんだよな」みたいなことを言っていただいたのが、自分の心のなかにありましたね。

玉袋　それはすげえ。

椎名　玉さんがやっていることと同じじゃないですか（笑）。

辻　たしかに玉ちゃんはそれをお笑いの世界で身をもってやっていますよね。さっきの黒歴史みたいな話でもアウトにならないギリギリをちゃんと突いてくる。

玉袋　塀の上を歩いているようなバランスが大事なんですよね。アウトのほうに落っこちちゃったらプロじゃないんだから。

辻　ボクもそこをけっこう模索しながらしゃべっていたと思いますね。

玉袋　そうやって古舘さんの呪縛みたいなものがありながら、自分のスタイルを作り上げていったっていうのは素晴らしいと思いますよ。このあいだ、古舘さんのYouTubeチャンネルに辻さんがゲストで出られてましたけど、古舘さんも認めてましたもんね。

辻　いやあ、古舘さんがご自身の番組にボクを呼んでくださったっていうのは、これまでの人生でなかったことなんですよ。ボクのほうから電話をかけさせていただくことはあっても、対談みたいな形で共演させていただいたこともなかったし。それが古舘プロジェクトさんがやっているYouTubeの番組に、後輩の辻よしなりを呼んでくれたっていうのは、やっぱり「アナウンサーをやっててよかったな」と、あらためて思いましたね。

玉袋　あの4回にわたる古舘—辻対談の前編・後編は最高でしたよ。

ガンツ　そしてプロレスのほうでも昨年の2・21東京ドームの武藤敬司引退試合。そのサプライズでおこなわれた武藤vs蝶野を辻さんが実況するっていうのもたまらなかったです。

辻　しかも、あの蝶野正洋が「しゃべってくれ」と言うわけ

ですからね。そう考えると、最初は「無理です！」って断っていたプロレス実況をしっかり続けてきてよかったなって、そこでも思いましたよね。

玉袋　いやあ、今日は素晴らしいお話を聞かせていただきましたよ。辻さん、どうもありがとうございました！

辻　こちらこそ。玉ちゃん、また何かの機会によろしくお願いします。

自己投影観戦記

できれば強くなりたかった

第146回 『新根室プロレス物語』と『アイアンクロー』

椎名基樹

椎名基樹（しいな・もとき）1968年4月11日生まれ。放送作家。コラムニスト。

東京から現在住んでいる神奈川県のはずれに引っ越すとき、もっとも不安になったことは、友人との距離ができることだった。東京の繁華街から、タクシーで帰宅できる距離に住んでいないと、終電を気にして遊ばなくてはならない。私の住む街にたどり着く終電の時間はかなり早い。友人と外で飲む機会も少ないけれど、やはりいまでも年に何度かは、後ろ髪引かれる思いで、帰宅の途につくことになる。

ミニシアターに、なかなか足を運べなくなったことも、引っ越して残念なことのひとつだ。マニアックな映画を上映するミニシアターは、都会と田舎で、充実度の格差があるものの筆頭なのではないだろうか。マニアックな作品を、熱心にチェックするほどの映画ファンではないけれど、やはりときどき、観ておきたいなと思う作品がある。しかし、映画のためにだけに、上京する気になれず、見逃してしまう作品が、これも年に数回（まぁ1回か2回だけど）ある。

だが、よく調べてみると、私の住む街から、クルマで20分ほど行った厚木の街に、マニアックなミニシアターがひとつだけあることがわかった。その映画館で「マストウォッチ」だと思っていた『新根室プロレス物語』が、東京よりだいぶ遅れて上映された。

というわけで、私の住む地域では『新根室プロレス物語』と『アイアンクロー』が、ちょうど同じ時期に、それぞれミニシアターとシネコンでかけられることになった。

前者は、「イケてない人たち」がプロレスによって人生の喜びを与えられる物語だ。新根室プロレスに所属する〝アマチュア〟プロレスラーたちは「自分たちは皆学生時代はクラスのイケてないヤツらだった」と口を揃えて言う。そして「（団体の代表であり、新根室プロレスをプロデュースする）サムソン宮本は、俺たちみたいなのが好きなんだ」と言って笑った。

スクリーンに映し出される根室は、なんにもない街だ。眼前に北方領土を望む、北端の街に住むプロレスファンが、プロレスごっこをするために、リングをヤフオクで購入したことが、アマチュアプロレス団体「新根室プロレス」が発足するきっかけだった。

クラスのイケてないヤツらによる自作の文化祭だった、新根室プロレスの興行は、アンドレ・ザ・ジャイアントパンダの登場により、一気に注目を集めて、全国区の知名度を獲得する。イケてないヤツらは、スポットライトを浴びて、キラキラと光る存在に変わった。

新根室プロレスのアマチュアプロレスラー

たちのなかには、鬱病を患う女性や、同居していた母と姉を相次いで亡くして以来、壮絶なゴミ屋敷に住む初老の男（この人は喋る言葉もたどたどしい）など、「イケてない」では済まない人たちが多数所属している。

そんな人たちがスターとして輝く、新根室プロレスの有り様を見ると、プロレスというカルチャーのみが持ちうる、人間に対する包容力を、あらためて実感することができる。

一方、『アイアンクロー』は強権的な父親の意向で、プロレスラーを職業にすることを宿命づけられた兄弟の悲劇の物語だ。作品に登場する、プロレスラーになった4人の兄弟のうち3人が夭折する。ひとりは変死、ふたりは自死である。エリック家に降りかかった、この不幸の連鎖は「呪い」と呼ばれる。しかし、少なくともこの3人の死は、父親からの重圧が原因のひとつであったことは想像に難しくない。

街の名士である父親のもとに生まれ、大学スポーツで活躍したエリック兄弟。エリック一家は理想的な家族として、地域の人々から崇められていたという。そんな「イケてる」兄弟にとって、プロレスは背負うべき職業であり、苦しみの元凶であり、命をも奪う呪いだった。

『新根室プロレスの物語』と『アイアンクロー』は、まるで真逆の内容だ。団体の規模も歴史もまったく違うふたつを、簡単に比べることはできない。しかし、どちらもプロレスであることは間違いない。

そして、新根室プロレスの幸福と、エリック一家の辛苦は、どちらもプロレスの特殊性がもたらしたようにも思える。プロレスが単なるスポーツであったならば、エリック兄弟はあそこまで追い込まれなかったのではないだろうか。

また、このふたつの作品を見比べて、遊びであるときは生きる希望となったプロレスが、宿命づけられた職業になったとき、自死を選ぶほどの絶望の元凶となることに、幸福とは何かを考えさせられた。

まるで逆さまにしたような、ふたつの作品であるが、共通する部分がある。それはどちらも悲劇であるということだ。『新根室プロレス物語』は、団体創設者であるサムソン宮本が、癌を発病して亡くなるまでを追ったドキュメンタリーである。

サムソン宮本が病魔に襲われるのは、アンドレ・ザ・ジャイアントパンダによって、団体の人気がピークを迎えようとするときだった。いちばん良いときに、いちばん悪いことが襲ってきてしまったことに対して、人生の不条理を強く感じた。そして『アイアンクロー』で描かれているテーマもまた人生の不条理だ。父親は強権的ではあったが、家族は愛し合い、同じ夢を見て団結していたのだ。

最後に少し残った紙幅で『アイアンクロー』について感じたことを思いのままに書きたい。

ストーリーは私にとってすべて既知のものだった。非常に出来が良い再現ドラマと言っても過言ではないと思う。なので、プロレスファンの私は楽しめたが、一般の人が没入することができるストーリーなのか、まったく判断できなかった。先入観なく鑑賞した人の感想を聞いてみたい。あと、今回作品に登場した、実在レスラー役としてもっとも顔が似ていたのは、ハーリー・レイスの役者だと思う。が、初見で私は「佐藤蛾次郎？」と心のなかで独りごちた。

KAMINOGE COLUMN

SELF PROJECTION WATCHING

おもしろい人はなぜおもしろいのかを
調査する好評連載・第40回

蓮見翔

ダウ90000主宰

いま最注目の若き才能が
M-1やキングオブコントに
挑戦する真意とは? そして、
どうしても日本大学芸術学部に
入りたい大井（46歳）が
日芸OBの蓮見に
アドバイスを請いまくる
受験ノイローゼぶりを露呈!!

「井の中の蛙というか、
東京でウケてるだけなのが
恥ずかしくなってきたので、
お笑いを見る文化のない人たちにどう
刺さるかみたいなところをやってみたい。
キングオブコントに出る理由もそこです。
やっぱりあそこで評価されたいから」

収録日：2024年4月9日　撮影：タイコウクニヨシ
聞き手：大井洋一　構成：井上崇宏

コロナ禍で、テレビや劇場での活動が制限され、新たにSNSという芸能のフィールドが生まれた。そこは大人たちの管理下にないから、若手芸人たちものびのびと活動して、どんどんと独自の文化とノリが広がっていった。そんな時期を経て、コロナが明けたとき、気がつけばエンタメ界は一気に若返っていた。

そんななか、「ソフト老害」なんて言葉も生まれて、あちこちで「おじさんってこんなことしますよね」とか「こんなおじさんって困ったもんですよね」とか、若者たちがしんどいおじさんを笑っているのを耳にする。そのたびにボクは「そういう人いるよね――」と同調しながら、いつ自分の番が回ってくるのかとビクビクと怯えているのです（もうとっくに回ってきているのかもしれないけど、おじさん特有の鈍感さで気づいていないだけかもしれない）。

そして、そんな怯えた日には、いつも感度の高い若者に、人生を慰めてもらいに行くのです。

ダウ90000の蓮見さんは、いま、いちばんありがたいお言葉をくれる方です。（大井）

「M-1で漫才をやったりしているのは劇場のお客さんを増やすためでしかない。俺はコントをメインでやりたいので」

――本多劇場での単独（ダウ90000単独ライブ『30000』）が終わったばかりで、まだ慌ただしい感じですか？

蓮見　まあ、再演が決まったおかげで久々にちょっとバタバタしましたね。

――再演が決まってバタバタってことは、スケジュールは事務所が管理している感じですか？

蓮見　いや、自分で決めてるんですけど（笑）。当初は「再演ってなあ……」って思っていたんですけど、観てくれる人が増えたから「まあ、やろうか」って意識の変化を持ってこれたので、ギリ再演できたかなと。とにかく新作を作らなきゃってずっと思っていたんですけど、「まあ、再演もいっか」って。

――めちゃくちゃ作り続けますね。

蓮見　それがちょっと怖いんです。「いまのペースだと書くことがなくなるけどな……」と思ってて（笑）。でも、せめてもの救いはやってるのが自分たちだから、歳を取ったら自然と変化してくるでしょっていう。でも2～3年じゃ何も変わらないので、2年後の29歳とかがいちばん苦しいかもなと思っています。ギリ若者なのかどうかっていう時期。そこで結婚とかもしてなかったら環境もあまり変わっていないだろうし、それがいまからめちゃくちゃ怖いですね（笑）。

——いっそ40歳くらいになったら、その歳なりのネタになれるってことですね。今年の賞レースはどうするんですか？

蓮見　出ますけど、THE Wはもういいかなと思っています。去年の感じを見て「ああ、お呼びじゃないな」っていうのがちょっとありました。

——ではキングオブコントと、あとABCお笑いグランプリも行くんですか？

蓮見　ABCはそれこそ令和ロマンが出るって言うから（笑）。本当は去年で終わりだと思っていたんですけど、M－1チャンピオンが出るって言ってるのに「俺らはもういいや」って言ってるのは、めちゃくちゃダサく見えるなと思って。

——そうですかね？（笑）。

蓮見　だって「なに、あがったツラしてんだよ」って思いません？

——いや、「フィールドを選んだのかな」みたいな感じで受け取るかな。ボクの認識だとやっぱりダウ90000は普通の芸人じゃないって存在だから。

蓮見　あー、なるほど。でも去年までと違うのは「賞レースには楽しく出よう」って思えたんですよね。それは令和ロマンのおかげなんですけど、「まあ、言われたから出るか」っていうぐらいの感じで出られるから、もうあまり「絶対に勝たなきゃ！」とは思っていないですね。

——でも、そのためにまた新しいネタを作るわけで、そのときに誰よりもおもしろいネタを作りたいと思いますよね。

蓮見　まあ、そうですよね。でもM－1で漫才をやったりしているのは劇場のお客さんを増やすためでしかないです。自分たちのライブとかでもたまに漫才をやるけど、俺はコントをメインでやりたいので。

——ほかの芸人たちは、作ったネタが自分たちのネタとしてストックされて、それが財産になっていきますよね。でもお客さんを呼ぶためだけにネタを作るって、なかなかつらくないですか？

蓮見　いや、楽しいですけどね。まったくつらくはないです。M－1自体がやっぱ楽しいですし。

——それはイベントとして？

蓮見　そうそう。去年なんか2組が準々決勝まで行けたんですけど、もともとお笑いオタクの俺からからすると、それでもう大興奮で。

——やっぱりM－1で準々決勝あたりまで行くと、お客さんって増えるもんなんですか？　そこの効果がボクには

ちょっとわからないんですけど。

蓮見　あれでかなり知名度は上げてもらっています。それで俺がいま言ってる集客っていうのは地方のことですね。東京はもう埋まるので。

――目標とするところは、公演でメシが食えること？

蓮見　まあ、最悪メシは食えなくてもべつにいいかな。

――食えなくてもいいっていうのは？

蓮見　まあ、食えないのは嫌だろうけど、最優先がお金だったらもっとこすいことをやってると思うんですけど、そうじゃないんで。なんか東京でウケてるだけなのが恥ずかしくなってきたんですよ。井の中の蛙というか。だから、お笑いを見る文化のない人たちにどう刺さるかみたいなところをやってみたいなと最近は思っています。

――テレビってわりとそういう側面があると思うんですよね。テレビで売れるって、田舎の人にも知ってもらって、その人たちにおもしろいと思ってもらわなきゃいけないから。だからテレビの勢いがどんどん弱くなってきたとか言われつつも、テレビでウケないと全員が笑ったことにはなってないよなっていう気もしちゃうんですよね。

蓮見　そう思います。だからキングオブコントに出る理由はそれですよね。やっぱりあそこで評価されたいし、そうしたら胸を張ってコントをやっていいだろうっていう気持ちになれるのは、やっぱりこれからもずっとテレビじゃないですか。べつに廃れない気もしますけどね。

「弱点は大喜利がめっちゃ弱いです。あとは全然教養がない。音楽も好きなやつしか聴いてないし、歴史とかも全然知らない」

――『ザ・ニンチドショー』にスタジオゲストで出たりするのも楽しそうだし（笑）。

蓮見　あれはありえないぐらい楽しいですね（笑）。あんな楽しい番組はない。後藤（輝基）さんにも会えるし、伊集院（光）さんにも会えるし。

――芸人のなかには「いや、パネラーは芸人の仕事ちゃうやろ」みたいな考えの人もいますけど。

蓮見　はいはい。ボクもほかの仕事と重なってたら断るけど、べつにそんな忙しくもないので、身は空いてるからそれは行きますよ。楽しいゲームができる場所だし、でもやっぱテレビは好きな人に会えるっていうのがかなりデカいですね。

――「やっぱ伊集院さんはすげーな！」とか。

蓮見　いやもう、凄かったです（笑）。

――伊集院さんは引き出しから話を出すのが速すぎますよね。

蓮見　速すぎる。あれって生まれ持ったものなのか、訓練なのか。

——何かキーワードを出してくる小咄が速くて、その話が派生した先のトークもしっかり出すって凄いですよね。

蓮見　そうなんです。あまり言うべきじゃないかもしれないですけど、Vよりもおもしろいことを言ってる（笑）。あれはもうバケモノだなと思って。伊集院さんがしゃべったあとに流れたVでも同じことを言っていて、だけど伊集院さんよりも情報が少なかったから、凄く変な空気になっちゃって（笑）。

——じゃあ、演者としてテレビに出ることはやぶさかではない感じなんですね。

蓮見　「創作の邪魔はしないでね」とだけ思いますけど、やっぱり呼んでもらえるとは思ってもいなかったので、出してもらえるのはうれしいですね。

——いま、無敵の状態ですよね。

蓮見　いやいや、そんなことはないですけど（笑）。

——いや、これは変ないじりでも嫌味でもなく、本当に無敵の状態だと思ってるんですけど、なんか弱点がないとこっちも困るんですよ（笑）。

蓮見　それは単独を観終わったあとにくれたＬＩＮＥでも言ってましたよね（笑）。

——そう。昔からだいたい人気があるヤツってそれほどおもしろくないんですよ。斜に構えた男の意見ですけど。だから、のちのちおもしろくないってことがバレますよね。

蓮見　あー、なるほど。

——「なんか人気はあるけど、そんなにおもしろいわけじゃないよな」みたいな人は、鮮度が落ちてくると「やっぱりおもしろくないよね！」ってなりがちなんだけど、ダウ９０００に関しては「なんだよ、人気もあるのにおもしれえのかよ」っていうショックがあって。

蓮見　ショックを受けてると（笑）

——「どうなってんの、これ？」みたいな。困るんですよ。

蓮見　いやいや、そんなことを言われても（笑）。

——だから今日はなんかくださいよ。「じつは俺、こんなダメな一面があるんですよ」みたいな弱点を。

蓮見　あっでも、それで言ったら大喜利とかはめっちゃ弱いですよ、俺。何回かやらせてもらいましたけど、めちゃくちゃ弱いです。コントのネタを書いているなかで「あっ、ここは大喜利だな」ってなったときはできるんですけど、人からのお題による大喜利は本当に弱い。それと絵も描けないし。

——じゃあ、ＩＰＰＯＮグランプリはキツい？

蓮見　絶対に無理ですね。あとは全然教養がないです。音楽は好きだけど、好きなやつしか聴いてないし、歴史とかも全然知らないですし。

――背景知識。永野さんが得意とするところですね（笑）。

蓮見　でも、こんなのは弱点にならなくて済んでいたはずなんですけど、なんか知ってそうな人になっちゃったので（笑）。

――カルチャーを語る側になっちゃったから（笑）。

蓮見　そう。だからかなり弱点だと思います。歴史も弱くて、日本史、世界史、全部ダメだし、そのへんはかなりヤバいなとは思っています。

「8人のなかだといま知名度がいちばんあるのは俺ですけど、それがコントを書く上ではいちばん難しいんです」

――でも台本を書く上では、そこがあると厚みが出ますよね。

蓮見　そうですね。でもこれからボクが勉強して書いたとしても、根本から好きな人には勝てない気がしますね。

――ボクは作家のオークラさんと『はねるのトびら』という番組で一緒だったんですけど、オークラさんは歴史オタクなんですよ。だから日本史と世界史の話をずっとしている人なんですけど、あるとき長い会議中にずっと数字を書いていて、「それ、何をしてるんですか？」って聞いたら、「いま数学にハマってて勉強してるんだけど、これは自分で問題を書いて、自分で解いてるんだよ」って言ってて、ボクはこういう人が台本を書くんだったらもう勝てないなって思っちゃいましたね。「ヤバい人だな……」と思って（笑）。

蓮見　俺はそういう生粋の物書きではないんですよね。だからこそこんな量を書けるんだと思う。

――でも会話のパターンを見つけるのが、どんどん難しくなってくると思うんですよ。

蓮見　そうですね。最初に思いついても、ちょっと考えたら「あっ、このあいだやったところに来ちゃった」みたいなふうになってきていますね。たしかに。

――いわゆる芸人のコントって、ボケの人に「ここはおまかせ」みたいなブロックがあったりするじゃないですか。ボケの人のキャラクターに合わせてやってますみたいな箇所が。

蓮見　演者に助けられるところですよね。

――だけど蓮見さんの場合は、基本はセリフ立てでしっかり書いて、構造で笑うっていう感じだから。

蓮見　まあ、8人いるからそうなりますけどね。キャラクターコントだとガチャガチャになっちゃうから。いや、そこはまだメンバーの覚悟が足りないですよね。「真ん中に立つんだ」っていう自覚がないから、あまり気持ちよく引き受けないと思うので、こっちもまだ作っていない感じですね。

――いまはいろんなテレビ関係者が「蓮見さんと仕事がしたいです」っていう状況だと思うんですけど、本来、放送作家って手がついてないところに行っておもしろくする仕事だと思ってるんですよね。

蓮見　本当にそうですよね。

——だからボクはね、園田（祥太）さんだと思うんです。今度、園田さんを紹介してください。

蓮見　アハハハハ！

——ずっとラジオを聴いていて本当に歯がゆいんですよ。同級生だったふたりがいつしか、「おまえさあ……」みたいな関係になっていて。

蓮見　それは本当に（笑）。

——「いや、園田、違うだろ。見返してやらなきゃダメだ。おまえはテレビスターになる男なんだ！」って、直接園田さんに言いたいですよ。

蓮見　あの人は爆ハネする素養だけはあると思うんですよ。何も思わない人だからこそ、行けるところまで行ける人だと。途中で折れたりしないと思うんですよ（笑）。そうですね、まず園田ですよね。それで爆ハネしたあとにコントに主人公で出てもらいたいです。

——なんらかのキャラをひっさげてね。ただ、あのもがいてる感じもいいんですよね（笑）。味わい深い。

蓮見　いいけど、誰かなんとかしてくれねえかなって思ってますけどね（笑）。

——ボクがなんとかできるかどうかはわからないけど、ちょっとがんばりますよ（笑）。

蓮見　うれしいなあ。8人のなかにひとりスターがほしいです。

——でも蓮見さんが売れてるでしょ。もうスターでしょ。

蓮見　あえて8人のなかで言うなら、いま知名度がいちばんあるのは俺ですけど、それがコントを書く上ではいちばん難しいんですよ。主役を立てて、書く側はもうどんどん引いていくように本当はしたいので。

——じゃあ、やっぱり園田さんにがんばってもらわないと。そういえば前にも話しましたけど、ボクは蓮見さんの母校でもある日芸（日本大学芸術学部）に入りたいんですよ。

蓮見　だからそれ、意味わかんない（笑）。

——意味わかんないですか？　意味をわかってほしいんですけど。

蓮見　いや、言ってることはわかりますよ。「もう1回基礎から学びたい」ってことですよね？

——そうです。それで今年受験したんですけど、面接で「あなたがウチで学ぶことはない」って強めに言われまして。「でも御校には脚本の授業があるので、私はそれを学びたいんです」って言ったら、「わかると思うけど、そういうのは習って学ぶものじゃないから」って言われて。

蓮見　最悪の施設じゃん！（笑）。
――「じゃあ、なんなんだ、この学校の存在する意味は!?」みたいなことはちょっと思ったんですけど、こっちは受験生だからそんなことは口にはしなかったけど（笑）。
蓮見　でも日芸って本当にそんな感じですよ。
――だけど蓮見さんは映画学科である程度の基礎を学んできたわけですよね？
蓮見　でもシナリオを書くときに改行するとか、シーンの頭にマルをつけるとかの基礎は凄く勉強になりましたけど、そこから先のどうやって物語を作っていくかとか、発想元の考え方とかはなんにも教えてもらえてないですよ。

「日芸は『自分には本当に才能があるのか？』っていうことをずっと考えている人たちがいっぱいいた場所って感じ」

――たしかにそこは独自のものであって、みんなそれぞれに違うもんですよね。習うもんじゃないというか。
蓮見　でしょ？　そこはもうわかってるわけですよね？　それをわかりに行く場所なんですよ（笑）。「あっ、人それぞれなんだな」って思いに行く場所であり、友達を作る場所なんですよ。

――あっ、だからボクの第2の目的はそれですよ。友達を作りたい。

蓮見　いや、おじさんが「友達を作りたい」とか言ってたら落ちるでしょ、そりゃ（笑）。

――「第二の蓮見」を見つけるために日芸に行くんですよ。

蓮見　いねえわ（笑）。

――ボクはもう自分で台本を書きたくないんですよ。

蓮見　園田になりたいんだ（笑）。

――園田になりたい。だから「第二の蓮見」を見つけて、ボクを入れた10人くらいの劇団を作ってもらって、「おじさんがひとりいるな」みたいな。全員が同世代でやるよりも、おじさんがひとりいたほうが幅が出ると思うんですよね。最後に出てきたときに「なんだ、おっさんじゃねえか」みたいなパターンもありますから。

蓮見　じゃあ、そのおっさんはブレーンじゃないほうがいいかな。大井さんじゃないほうがいいと思う（笑）。

――いや、そうなったらボクはもう書かないですよ。

蓮見　いや、書かなくても、台本を持って行ったらなんか言うでしょ。「これ、やんの？　俺が？」とか絶対言うでしょ（笑）。

――絶対に言わないです。うなずくことしかしない。だから、そういう仲間を見つけに行きたいんですけど、日芸は楽しかったですか？

蓮見　楽しかったですよ。脚本の授業はたいしてあれじゃなかったけど、ゼミの先生にはお世話になりましたね。あとは短歌の授業を受けたり、映画の歴史とかを学んだりだとか。

――短歌の授業を受けていたことが『プレバト!!』で活きたわけですね（笑）。

蓮見　もちろん。日芸を見せつけて余裕で1位でした（笑）。あとは人ですね。いろんな人に会えて、やっぱ自分と同じように悩んでる人がいっぱいいるから、だからダウも組めたし。

――悩んでるっていうのは、「ここからどうやって羽ばたいていけばいいんだ？」っていう悩みですか？

蓮見　いちばんは「自分には本当に才能があるのか？」っていうことをずっと考えている人たちがいっぱいいる場所って感じですね。だから大井さんは、講師として日芸に行けばいいんですよ。

――いやいや、講師はないですよ。「教えることは何もない」っていうのはわかっていますから（笑）。

蓮見　じゃあ、大学に入る意味がないのもわかってるじゃん！（笑）。

井上　「神童」って呼ばれたいんだよね？（笑）。

――ザワつかせたい（笑）。

蓮見　それはずりぃよ（笑）。じゃあ、ほかの大学でお笑いサークルに入ったらいいんじゃないですか？

——蓮見さんね、おっさんのボクが入って格好がつく大学って、なかなかないんですよ。そりゃボクも予備校に行ったときに「大井さんはどこに行きたいんですか？」って聞かれて、「やっぱ早慶ですね」って言いましたよ。

蓮見　まあ、そっか。そこくらいまで行けば格好はつく。

——そうしたら「早慶は無理です」ってはっきり言われましたよ（笑）。それで「じゃあ、どうしますか？」って聞かれたから、「そうだな、だとしたら日芸だな」っていうところで落ち着いたんですよ。本当に申し訳ない話ですけど。

蓮見　いや、全然いいですけど（笑）。まあ、実際にそうだしね、日芸なんて。

——でも、もともと行きたかったのもあったんですよ。現役で大学を受けるときに「日芸に行きたかったなあ」って思い出したんで。

蓮見　でも日芸の教授陣は、いま現役で働いている人たちへのコンプレックスが凄いと思うのでマジで入れてくれないと思いますよ。だって、その分野で講師にならざるをえなかった人が授業をしているわけですから。そういう意味ではジトッとした学校ではありますからね。

「俺は映画学科の映像表現理論コースっていうところで、ずっと映画の脚本を書いていればいいから凄くよかったですよ」

——それはちょっと冷たい言い方ですよ（笑）。

蓮見　まあ、なかには現役の人もいて、舞台監督さんとかは現役バリバリで仕事しながらだし、カメラマンさんとかもたぶんちゃんと仕事している人が教えていますけど、放送や映画まわりは現役でやりながら講師もっていうのはあまりいないです。たぶん講師をやるとスケジュールが拘束されまくるから、学校に毎週来るっていうのはなかなかできない。

——いやでも、ボクは日芸に行きますけどね。

蓮見　えっ、まだ受けるんですか？

——これからもう毎年受けようと思っていますから。蓮見さんね、こっちは学生じゃないんで、最悪10年かかってもいいと思ってるんで（真顔）。

蓮見　まあ、そうですね。でもマジで入れない気がします。

——いや、3年目の受験あたりで「コイツの気持ちは本物だな」っていう目をされると思うんですよ。

蓮見　「じゃあ、1回入ってみれば」って。でも入ってから、ちゃんと通うんですか？　だって通えないでしょ。

――通います。目的は授業云々よりも「みんな、今日はご飯どうする?」みたいな話をしに行きたいわけですから、こっちは。

蓮見　いやあ……。それは正体を隠して行くんですか?

――いや、隠さないですよ。「大井でございます」って行きますよ。

蓮見　めっちゃ嫌われるんじゃないですか?(笑)。

――だから大学側と学生側の全体から嫌われるかもしれません。最初こそザワザワするかもしれませんけど、「飲み会の連絡、アイツが入ってない別のグループLINEを作ろうよ」みたいなことはあると思っています。そのへんは覚悟の上です。ってことで今後、面接の相談を乗ってもらうことになると思うので。

蓮見　わかりました。俺、推薦状を書きますよ。

――えっ、いいんですか?

蓮見　もちろん!

――面接で「蓮見さんからも背中を押してもらいました」っていう話をしますからね。

蓮見　だから放送学科だけやめたらいいじゃないですか。映画とか文芸に絞って。ラブレターズの塚本(直毅)さんは文芸学科ですけど、あの人は4年間テニスだけしてましたからね(笑)。

――映画学科は映画を作るために入るところですか?

蓮見　そうです。役者、監督、カメラマンのコースがそれぞれあって。

――蓮見さんはどのコースを取ってたんですか?

蓮見　俺は映像表現理論コースっていうところのシナリオです。それで映画の脚本を書いてるのとか凄くいいですよ。ずっと書いていればいいから。

――えー、大学でも書かなきゃいけないの?

蓮見　向いてないじゃん。何をしに行くのよ(笑)。

「"老害"って言葉はおじさん同士の喧嘩の武器として使われているだけな気がする。結局、若者とのパワーバランスは逆転していない」

――とにかく今年もまた塾に凄く通っていますから。たぶん本当に受かったらボクは泣いちゃうと思います。今年は落ちたときに「まあまあ……」みたいな感じだったんですよ。ヒザから崩れ落ちるほどの悲しみではなかったので、ちょっと本気じゃなかったなと思っています。

蓮見　なるほど。正直ちょっとおいしいとも思っちゃった?

――「まあ、落ちることもあるよな。1年しか勉強やってねえし」みたいな。

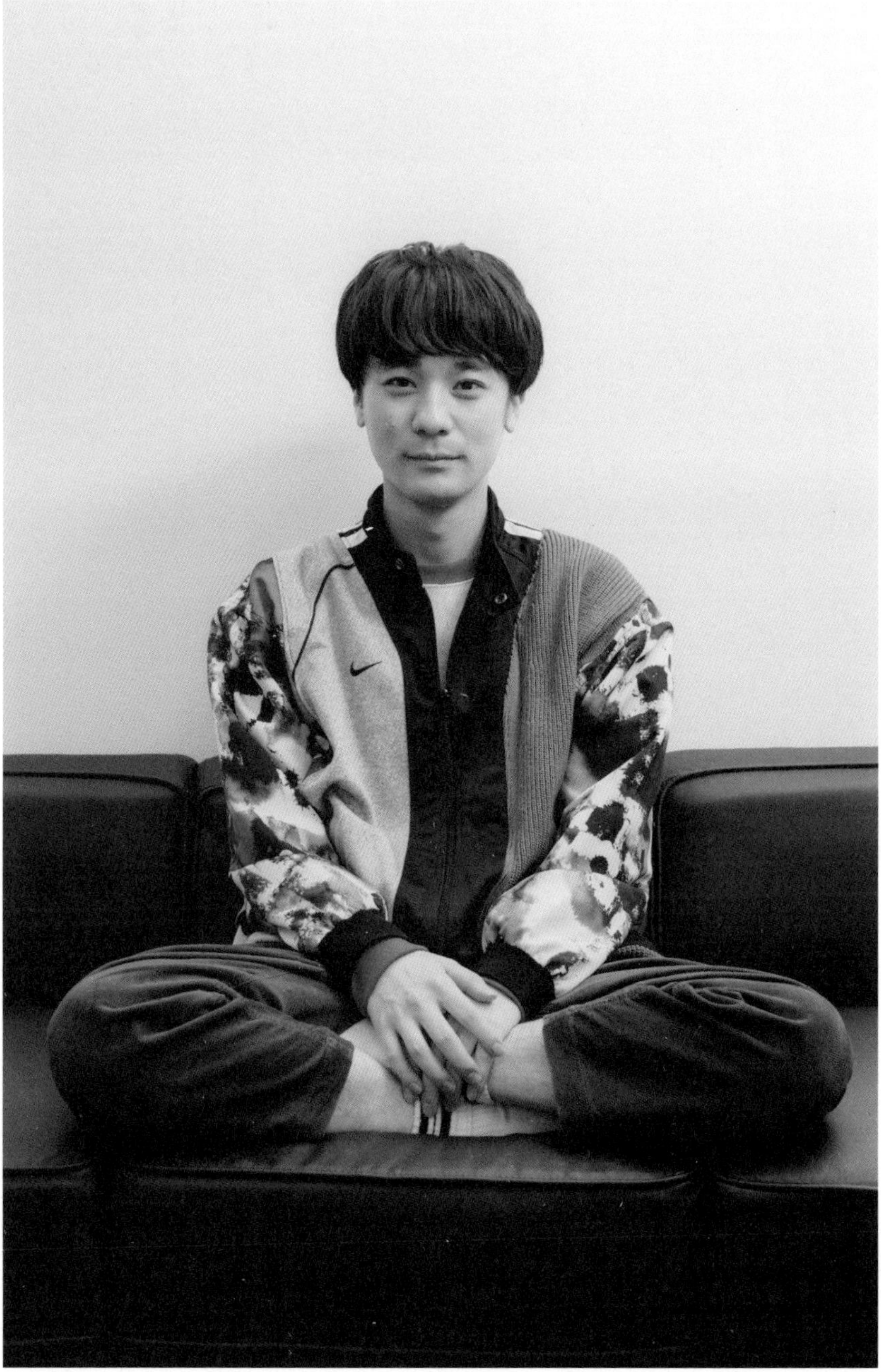

蓮見　たぶん、落ちたことを誰にも言えなかったら真剣だと思ってもらえますよね。

——そうですね。いまここでペラペラしゃべってる時点で、受験をちょっとイベント化していますよね。

蓮見　そう。向こうにも凄く印象が悪いと思います。

——だから面接官にも言われましたよ。「大井さん、今回これを受ける話は誰かにしていますか？」って。「先生、私は誰にもしておりません」と。

蓮見　ほう。

——本当にしていなかったから、「私はここに通いたくて来ただけですから。イベントにしたいとか、誰かに見てもらいたいとか、そういうことじゃないんです」って言ったんですけど、落ちましたね（笑）。

蓮見　それ、逆に「企画です」って言ったほうが受かったんじゃないですか？　マジだから怖すぎたんだと思いますよ（笑）。

——まあ、会場全体にノイズが出てるぐらいのおっさんでしたからねぇ。えっ、蓮見さんからもボクはおっさんに見えてます？

蓮見　でも頭は柔軟なんじゃないですか？　人の話をさえぎらないし。おじさんってすぐに人の話をさえぎるじゃないですか。

——ちゃんと若者の話を聞いて、受け入れてますか？

蓮見　受け入れてると思う。それでまだ自分の意見が変えられる。歳を取ると意見が変わらない人が多すぎないですか？　おじさん、おばさんの両方ですけど、若者の意見に耳を傾けるって人はまあ少ないです。

——ボクの場合は若者におびえながら生きてるだけなんですけど（笑）。いまって若いコの声が強いんですよね。

蓮見　えー、そうですか？

——そう思いますよ。「老害」っていう言葉があるけど、上の世代のほうが下のほうの意見にだいぶ歩み寄っているような気がするけどなと思ってて。

蓮見　結局、「老害」って言葉はおじさんのアイテムとして使われているだけのときもある気がしますけどね。おじさん同士の喧嘩の武器として「老害って言われてるぞ、おまえ」って使われているだけで、だから流行ってはいるけど、じゃあ老害って言われた人を若者が退けられるかって言ったらそんなことはないから、結局パワーバランスは逆転していない気がします。若者がパワーを持つシステムなんかないし。

——そこは令和ロマンが乱してくれるっていう期待をしていました。

蓮見　おー。でも本当にそうじゃないですか。

——でも令和ロマンはテレビを主戦場から外したことで、

ちょっと逆転が追いついていないのかなと思ったんですが。

蓮見　テレビを主戦場にしなかったおかげで、テレビにいちばん影響が出るんじゃないですか？　影響が出ちゃったら意味がない気もしますけど。

——なるほど。でもボクは一気に根こそぎ持っていくのかなと思ったんですよね。

蓮見　冠番組をバーッて？

——そうそう。それで「もう完全に時代が変わりましたね」という状況になると思ってました。

蓮見　まあ、そのパターンもあると思うけど、やっぱり人間のバイタリティの限界はあるから。だから各冠番組にちょっとずつおじさんのエッセンスが残って、結局は変わらないままになって、本人たちが疲弊するのをおじさんたちはゆっくりと待つんですよ。

「何歳までやるんだろうと思うけど、俺は劇場を作りたいんですよ。そうしたらまたライブまわりが凄く楽しくなると思う」

——令和ロマンはそうならないよう、消費されないように、もうその一段階上にいたんですね。

蓮見　だと思いますけどね。いまは（高比良）くるまさんがいちばん頭がいいんじゃないですか？　世の中を見る場所も確保したし、もともとの能力もある人だし。それで若者に「おじさんに文句を言ってください！」みたいな感じで煽るでしょ。俺もよく言われますけど、でも俺は好きなおじさんのほうが多いし（笑）。俺が嫌いなおじさんの話として「たまにこういう人がいますよね」って言うと、俺が好きなおじさんたちは若者の意見に耳を傾ける能力があるから、その人たちがおびえちゃうっていう（笑）。

——そうそう！（笑）。

蓮見　そうやって怯え合って、物事のテンポがいちばん遅くなる構造ができちゃって（笑）。

——でも本当に傷つかなければいけないおじさんには届かない（笑）。

蓮見　そうだと思います。今日、表参道ですれ違った人で、顔が日焼けして真っ黒で、半ズボンのジーパンを履いて、シルバーアクセサリーを着けてて、上はパジャマみたいな服を着ているおじさんが、おそらく美容師であろう男のコを3人引き連れて歩いてるところを見たんですけど、「これぐらいやってくれないとまわりが気づかないんだろうな」って思ったんですよ（笑）。

——そこにヤバい構造があるよってことが（笑）。

蓮見　そうそう。それぐらい目に見えるものじゃないと意外と気づかれないままずっと存在し続けるじゃないですか。そういう人ってむしろ潔いなと思ったんですよ。みんなそうなってほしい。「なに普通の服を着て、ヤバいことを言ってるんだ」っていう人のほうが隠れているぶん怖いですよね。

――このあいだ、鈴木おさむさんの取材だったんですよ。やっぱりおさむさんは若者と接することに抵抗がないというか大好きなんですって。だけどボクは若いコと話してるのを人から見られるのがちょっと恥ずかしいんですよ。

蓮見　第三の眼が嫌なんですね。

――怖いんですよね。「若者に歩み寄っちゃって！」みたいに見られたらどうしよう、とか。

蓮見　でも、そういうおじさんのことを若者は好きだと思いますけどね。「一緒にご飯を食べました。イエーイ！」ってやってくれる人はみんな好きだと思う。

――でもそういうのを見て、「なんだよ、ズルい……」って思っちゃうんですよ。

蓮見　ほらっ！　結局はおじさん同士の喧嘩に若者が巻き込まれてるだけ（笑）。

――たしかに！　ちょっと反省しますね……。

蓮見　世代が違うと話が合う合わないは絶対にあると思うけど、話が合わないから嫌いかって言ったらそうでもないじゃないですか。でも同世代といっぱいしゃべってるなかで、

ちょっと話が合わなくて変な空気になったら「嫌われちゃったかな？」ってお互いに思うじゃないですか。それだけのような気がしますけどね。

――だから、お互いに恥をかける関係性じゃないと付き合っちゃダメですよね。なんかこっちが変な言い間違いをしたときなんかに「いや、それはこうよ」って言ってくれる若いコじゃないと付き合う意味がないなと思っちゃうんですよ。陰でコソコソ笑われてるとしんどいし（笑）。

蓮見　たしかになあ。それも嫌だし、向こうが言っていいのかどうか気にかけてるのも申し訳なくなっちゃうってことですよね。歳を取ったら大変だ（笑）。

――大変ですよ（笑）。歳を取ったらやりたいことってありますか？

蓮見　その前に「何歳までやるんだろう？」っていうのはあるんですけど、俺は劇場を作りたいんですよ。「全国をまわって、最後は自分らのところで」みたいな感じの劇場を。

――自分たちの公演をやる劇場？

蓮見　そうですね。それで普段は芸人さんを呼んで寄席とかやりたいです。個人でめちゃくちゃ綺麗な劇場を持っている人ってなかなかいないから、そういうアイコンになるくらいのインパクトがある劇場を1個作れたらなって。せっかくいまこうやって世に出してもらってるんだし。だから、たとえばまったく無名の芸人さんだけ10組呼んだとしても、「蓮見が呼んだなら」で埋まるみたいな状況を作ることができたら最高ですけどね。

――シアターに格があるっていう。

蓮見　そうそう。音楽とかだとそういうハコがあると思うけど、お笑いではあまりないじゃないですか。「あそこのトリをやったら凄い」っていうような劇場を作れたら、またライブまわりが凄く楽しくなると思うんですよね。どうやったら作れますかね？

――じゃあ来年、ボクが日芸に合格したら、劇場の作り方を学んできますよ（笑）。

蓮見　いやいや、日芸じゃ教えてくれないのよ（笑）。

大井洋一（おおい・よういち）
1977年8月4日生まれ、東京都世田谷区出身。放送作家。『はねるのトびら』『SMAP × SMAP』『リンカーン』『クイズ☆タレント名鑑』『やりすぎコージー』『笑っていいとも!』『水曜日のダウンタウン』などの構成に参加。作家を志望する前にプロキックボクサーとして活動していた経験を活かし、2012年5月13日、前田日明が主宰するアマチュア格闘技大会『THE OUTSIDER 第21戦』でMMAデビュー。2018年9月2日、『THE OUTSIDER第52戦』ではTHE OUTSIDER55-60kg級王者となる。

蓮見翔（はすみ・しょう）
1997年4月8日生まれ、東京都東久留米市出身。芸人。俳優。8人組ユニット「ダウ90000」主宰。脚本・演出担当。
少年時代からお笑いが好きで、中学生からコントを書き始め、高校では文化祭で映画を撮ったり、劇を上演していた。日本大学芸術学部映画学科に進学し、並木雅浩と共に中心となり大学の同期らとダウ90000の前身となる演劇企画団体「はりねずみのパジャマ」を結成（のちにサークルとなる）。本公演6回のほか、大学の教室などで上演した「寝室」シリーズ、演劇フェス参加、コントライブ出演、賞レース参加など精力的に活動し、2019年9月の東京学生演劇祭2019で『楽しみましょう』（作・演出：パイロン久我）が大賞を受賞する。2018年から2020年にかけて東京NSC27期生の長谷部（現・カーステレオミュージック）とお笑いコンビ「ヌープリッキー」を組んで『お笑いG-1グランプリ2019』で優勝、『M-1グランプリ2019』2回戦進出などの成績を残す。2020年9月27日、ダウ90000を旗揚げ。演劇やお笑いの壁を超えた作風のコントライブを積極的におこない、一躍お笑い界から注目を浴びるようになる。

坂本一弘

馬乗りゴリラビルジャーニー（仮）

第44回
『まだ子どもじゃないか…』

構成：井上崇宏

（さかもと・かずひろ）
1969年3月4日生まれ、大阪府大阪市出身。
修斗プロデューサー／株式会社サステイン代表。

坂本　先月ね、俺の好きな映画は『スティング』と『がんばれ！ベアーズ』だって言ったでしょ。井上さんの好きな映画はなんですか？

――ボクはいちばん好きかどうかはわかりませんけど、いちばん数多く観たのは『犬神家の一族』ですね。あとはタランティーノ全般。『レザボア・ドッグス』とか『パルプ・フィクション』。

坂本　ああ、タランティーノはおもしろいですよね。映像も凄いし、手法が何かのオマージュなんだけど新しいし、でもあれは感動するとかってことではないじゃないですか。

――タランティーノの作品は、タランティーノの映画バカっぷりに感動する映画なんですよ（笑）。あとはポール・ニューマンの『暴力脱獄』。あっ、『マン・オン・ザ・ムーン』って映画は坂本さんにも観てほしいです。アンディ・カウフマンっていうアメリカのコメディアンの生涯なんですけど、〝テネシーの帝王〟ジェリー・ローラーとプロレスの試合もやった人で。

坂本　ああ、セカンドロープからのダイビング式フィスト・ドロップね。

――だからプロレスネタの強さをひけらかさないでください（笑）。

坂本　『犬神家の一族』はどこが好きなんですか？

――子どもの頃から観ていて、あとになって思うのはやっぱり映像と音楽のカッコよさ。

坂本　ということは、市川崑監督で金田一耕助が石坂浩二のやつですね。

――そうです。やっぱり石坂浩二が金田一じゃないと。音楽は大野雄二で。

坂本　古谷一行の金田一じゃあ、ちょっと弱いんですよね。あの時代の角川映画の暗い雰囲気のやつは最高ですよね。

——まさに犬神家は角川映画の一作目ですから。

坂本　『汚れた英雄』もありましたよね。あれは角川春樹自らが監督で、最初に草刈正雄がバイクに乗ってね、またローズマリー・バトラーの曲がカッコよかったですよ。なんか角川映画って大人な感じがしましたよね。同じ金田一耕助シリーズだけど『獄門島』とか小学生のときに観たもんな。

——あっ、そういえば『病院坂の首縊りの家』って、ロケ地が世田谷なんですよ。あの坂、たぶんUWFの入門テストでやっていた坂道ダッシュの坂だと思うんですよ。

坂本　あっ、ホントですか？　あれは横溝正史の「金田一耕助最後の事件」ですよね。俺は小説で読んだんだけど、『獄門島』とかほどおもしろくなかったんですよね。

——映画はおもしろいですよ。桜田淳子。

坂本　『スローなブギにしてくれ』も角川でしたっけ？

——そうです。あれ、原作は誰でしたっけ？　おしゃれな人ですよね。

坂本　そうそう、おしゃれな人（笑）。あっ、片岡義男ですね。浅野温子が出てて。

——浅野温子といえばやっぱり『あぶない刑事』ですけどね。

坂本　そういえば、ついに『あぶない刑事』が帰ってきますよ。『帰ってきたあぶない刑事』が5月24日に公開です。

——えっ、知らなかったです。

坂本　俺はもうそれが楽しみで、楽しみで（笑）。俺、『さらばあぶない刑事』も観に行ってるんですけど、あれはちょっと「うん？」っていう感じだったんですよ。でも、これは悲しい性ですね。今度の新作も観ないわけにはいかないんですよ。

——『あぶない刑事』は死ぬほどおもしろいですからね。あれはクールジャパン。

坂本　最高に面白いですよ。『あぶない刑事』はセントラル・アーツっていう制作会社が作っていて、『ビー・バップ・ハイ・スクール』なんかもそこですよ。あそこが作る映画やドラマは子どもの頃に観てて高揚感がハンパなかったですね。

——そういえば角川といえば『戦国自衛隊』もありましたね。少年武士役の薬師丸ひろ子と自衛隊員の竜雷太が対峙して、薬師丸ひろ子が腹を槍で刺して倒すんですけど、そのときに竜雷太が「まだ子どもじゃないか……」って言って死んでいくシーンがありましたよね。

坂本　相手が子どもだからって一瞬躊躇して、殺られちゃったシーンね。

——あのシーンが妙に印象的で、ボクは学生時代、エッチをしてるときとかに女のコに「まだ子どもじゃないか……」って言うのが口癖になってましたね（笑）。

坂本　何を考えてるんですか（笑）。

——すみません。余談でした（笑）。

坂本　いや、なんだよ、それマジで！　そんなんで話を締めるなよ（笑）。

吉泉知彦
おはようございます
どうしたその顔
実は昨日マラソン大会で……
仮面サンクス
マラソン大会でそんな顔になるわけないだろ
ボクシング大会の顔だぞ
いや……まあ
とにかく
第114話
給水所
大会に出たんですよ
けっこう調子よく走ってて
給水所ってあるじゃないですか
コップとって歩きながら飲んでたんですよ

東京都内のマラソンランナーの聖地といえば、足腰健康の亀有香取神社。

そしたら背中をドンって押されて
どん
ぶわっ
びしゃ
押すんじゃねえ
そういうことするやつって大抵
こっちが何もやり返さないと思ってるんで
確かに
邪魔なんだよ
どけや
だから怒鳴ってやったらビビると思ったら
めちゃくちゃ言い返すやつでした
ほうほう
押すことねえだろこの野郎
どいて下さいだろうがよ

んだてめコラ
ブンッ
さっ
いきなり殴ってきたんで
腹に一発入れてやりました
ドスッ
ぐううう
そしたら悶絶してたんですけど
どうした斉藤
ぞろぞろ
仲間が集まってきちゃって
やられたのか
あいつ

一人ずつなら絶対に勝ったんですけど
ボコ
ただではやられなかったですよ
バチッ
全員に一発ずつ入れてやりました
ドス
でも
捕まったら終わりですね
やられてしまいました
HOKA
こういうわけです
君もなかなか血の気が多いな

KENICHI ITO

涙枯れるまで泣くほうがEマイナー

VOL.41

ヒクソン・グレイシーの凄さ

伊藤健一

（いとう・けんいち）
1975年11月9日生まれ、東京都港区出身。格闘家、さらに企業家としての顔を持つため“闘うIT社長”と呼ばれている。ターザン山本！信奉者であり、UWF研究家でもある。

先日、ヒクソン・グレイシーのプライベートレッスンを10年近く受けている方と話をした。

現在、ヒクソンはロサンゼルスのトーランスという地域で、道場を運営している。

その方は柔術黒帯で、私より少し歳上だが、いまでもガンガン柔術大会に出場していて、年齢別の世界王者になったこともあり、競技柔術においては私よりも実績があるのだが、「ヒクソンはヤバい。自分がいままでやってきた柔術はなんだったのかと思っている」と、とにかくヒクソンの凄さを熱弁してきた。

私は格闘技においてはなるべく客観的に現実を見て、競技を通して考えるようにしている。その方もいまだに大会に出場しているし、ヒクソンから教えてもらったことを競技として使えるかを考えているはずなので、言っていることはとても信頼ができた。たとえば腕十字という技ひとつでも、ヒクソンが教えてくれた力の掛け方、重心の置き方などは、長年柔術をやって来た黒帯でも、目から鱗が落ちるらしい。

現在、ＭＭＡや柔術は、ヒクソンが闘っていた時代とは、ルールも全然違うし、使われている技も複雑化している。しかし昔からある腕十字、チョークスリーパー、アームロックなどは、もちろんいまだによく使われるし、それしかなかった時代に、その技術を徹底的に磨いてきたグレイシー一家、そしてその一家で最強だったヒクソン。自分なりに磨いてきた技術というか、コツがあるのだと思う。

私はアキレス腱固めが得意なのだが、もちろん研究もしてきたが、高校生のときから普通にできて、その頃からサンボの強い人相手にも極めていたので、「教えてほしい」と言われることも多々あるのだが、感覚で使っている技なので、人に教えることが非常に難しい。得意技ってそういうものだと思う。

ヒクソンは幼少の頃から柔術をやっているので、そんな得意技がたくさんあって、いまは指導が生業であるのでそれを言語化し、他人に教えることができているのであろう。

日本的な言い方だと武術的とも言えるが、日本の武術は私も好きでよく研究はしているのだが、競技に落としこむのは効率が悪いし、それならタックルの打ち込みでもやっていたほうが効率的だ。実際、私はシドニー五輪レスリング日本代表で、MMAでも活躍した〝ヘラクレス〟宮田和幸さんのレッスンを昔受けていたが、宮田さんは全然力を使わずに、合気道みたいな動きで、組み手と重心移動で相手をこかしまくる。

宮田さんとレスリング勝負をしたら、台風のなかにいるようなもので、10秒も立っていられないのだ。世間一般の武術よりも、宮田さんのレスリングのほうがよほど武術的だと思う。結局、ヒクソンの柔術もそのようなものなのか。

我らがゴッチ流テクニックにも、そのような技術やコツはある。前田日明と組んだことがあるが、藤原組長、そして北沢幹之さんと組んだときでさえも、「うわ、前田と一緒だ」と思った。しかし、そもそも他人に教えるモノではないし、誰も言語化もできないと思うので、それらの技術が伝承されていないのがUWF者としては非常に悔しい。

現在、ヒクソンはパーキンソン病を発症しており、身体も自由に動かせないらしい。それでもとんでもなく強いらしく、スパーリングをしたらまったく相手にならないらしい。凄すぎる。

徹底した体調管理により、パーキンソン症の進行を抑えることができてはいるが、レッスンなどができる時間は、残り少ないのかも知れない。

私も猛烈にヒクソンのレッスンを受けてみたくなった。いまは円安でもあるので、レッスン代も1回100万以上だと思う。しかしここは我らが漢の中の漢、『KAMINOGE』井上編集長が、アメリカへの〝密航代〟を支払ってくれるはずだ。その際は、このコラムで詳細にレポートするので期待していてほしい。

そういえば、SNSでヒクソンのレッスンを受けたことを投稿していた髙田延彦に連絡をしてみた。すると髙田からの返信は「ヒクソンから黒帯をもらえるように柔術がんばるよ」だった……。最高だぜ、髙田延彦!!

私がイチから柔術を教え、青帯をあげた髙田が、もしもヒクソンから黒帯をもらうことがあれば、それは私の〝UWF人生〟最終回かもしれない。

KAMINOGE COLUMN

マッスル坂井と真夜中のテレフォンで。

4/14

MUSCLE SAKAI DEEPNIGHT TELEPHONE

「ネットも携帯電話もない時代に、週プロの情報だけで後楽園ホールまでたどり着いたんだね。マジで涙が出てきちゃった」

――この号、発売が5月頭なんですけど、たぶん新入学生とか新社会人って誰ひとり『KAMINOGE』を読んでないよね（笑）。

坂井　そんなことないって（笑）。

――いやいや、いいんです。でも、そこであえてエールを送りたい。「五月病っていうのがあるから気をつけろよ」と。

坂井　あるねえ。っていうか俺ら、毎年五月病の話をしてません？（笑）。

――全然記憶がない。五月病だから。

坂井　っていうくだりも毎年しゃべってるよ、たしか（笑）。毎年5月になると井上さんがちゃんと「五月病だ」って言ってきて、それに私が「俺は流行の感度が早いから、とっくに3月くらいに来てますよ」っていうボケを毎回入れてますよね。

――あー、なんかそんな記憶ある（笑）。

坂井　でも真面目な話、東京に来て最初の5月に五月病ってなかった？

――どうだろ。私は1991年3月3日に上京してきたんですよ。なんで日にちを憶えてるかって言うと、翌日の3月4日が後楽園で藤原組の旗揚げ戦だったのよ。それで東京に来るなり「おお、明日じゃん！」となって、当日券があるかなと思って後楽園に行ったんだけど完売してて。

坂井　本当の完売だ。

――本当の完売？　でも当時は後楽園の下にダフ屋がたくさんいて、「チケットが最後の1枚あるよ。どうする？　どうする？」って声をあげてたんですよ。たぶん立ち見とかいちばん安い席だったと思うんだけど、それで我々ファンが4、5人集められて。みんな赤の他人なんだけど、「おまえはいくら出せるんだ？」って言われて、そのとき財布に1万ちょいぐらいは入ってたと思うんだけど、上京したばっかの小僧がそんなに出せないでしょ。

※今月は五月病のため、2ページ減でお届けいたします。構成：井上崇宏

坂井　そうねえ。でも軍資金をたんまり持って上京する時代だったんじゃないんですか？

――だけど、それからの生活もあるし。

坂井　「最初っからプロレスに1万円使ってたらキリがないぞ」となりますもんね。

――そう。それで「すみません、ボクは7000円までなら出せます」と。そうしたら「そっか。じゃあおまえ、そこの柱に立っておけ」って言われて（笑）。

坂井　立たされたの!?　上京してすぐに!?（笑）。

――要するにもっと高値で買うヤツがいるかもしれないから、とりあえず待機しておけと（笑）。それで結局、誰かが1万5000円くらいで買って、「はい。解散～！　散って、散って～」って言われて。

坂井　柱に立たされ損!?

――いま思えば、あれは五月病だな（笑）。

坂井　はあー。でも、いま俺はネットも携帯電話もない時代の話を聞いたんだね。『週刊ファイト』とか『週刊プロレス』の情報だけで後楽園までたどり着いたんだね。あれ？　なんだろ？　なんかマジでいま涙が出てきちゃった……。

――ベテラン五月病!!

坂井　でも3月頭から上京してるのはやっぱ早すぎでしょう。どうして入学式の直前まで待てなかったの？　岡山でまだ友達との別れを惜しんでおけよっていう話ですよ。岡山から東京に来る人ってそんなにいなかったんですか？

――それはいまでも少ないと思う。

坂井　じゃあ、甲本ヒロト、水道橋博士、ハチミツ二郎、井上崇宏だけなんだね。

――最初に東京に来たときはビックリしたなあ。

坂井　人がたくさんいてね。

――あと外国人が普通に近所を歩いてるっていう光景が衝撃だった（笑）。

坂井　街頭で当たり前のように何かしらを売ってましたもんね。

――当時はイラン人の偽造テレカ販売全盛期ですよ。

坂井　そうそう。あの人たちも五月病だったんだろうなー。

――でも本当に最初は友達とか知り合いがひとりもいなくて、ちょっぴり不安でしたよ。いまの時代に東京に出てきましたっていう若者とはだいぶ感覚が違うと思う。

坂井　いまだったらマッチングアプリとかをやってたかもね。

――たしかに。で、やっぱ道に迷ってもグーグルマップとかないでしょ。でも「回れ右をしたら田舎者だとバレる！」っていう恐怖心があって戻れなかったりして。

坂井　わかるよ。俺も昔は道を間違ってることにすら気づかずによく歩いていましたよ。それが正しいと思ってたもん。あれは五月病だったな。

――それも五月病なのか。

坂井　でも今年の五月病トークは例年よりもちょっとソフトじゃないですか？　毎年もうちょっと切羽詰まってたよ。

――そうだっけ？

坂井　今年はだいぶ平和。井上さんもだいぶ落ち着いていらっしゃる。

――いや、言っていい？　私は毎回坂井さんに話を合わせているだけで、五月病なんてなったことないよ。

坂井　はあっ!?　ウソでしょ!?

――マジで。いつも「なんだそれ？」と思ってる。

坂井　本気で言ってんの!?　じゃあ、さっきの藤原組の一件はなんだよ!?

――あれはダフ屋からチケットを買えなくてしょんぼりしたって話でしかない（笑）。

坂井　はあっ!?　じゃあ、この10年くらいずっと言葉遊びをしてたのか!?　てめえ、マジでぶっ殺すぞ!!（←五月病じゃなくて会社経営のストレスをきっかけとするノイローゼ）。

Nº149 KAMINOGE

次号 KAMINOGE150 は
2024 年 6 月 5 日（水）発売予定!

現在『KAMINOGE』出禁となっている三又又三が、マネージャーを通じて「今度単独ライブをやるので、そのプロモーションでインタビューをしてくれないか」と連絡してきたので丁重にお断りしたところ、後日、「もうチケットは完売したからプロモーションの必要はなくなったが、完売したことを告知してくれないか？」と言ってきたのにはちょっと笑ってしまいました。不覚にも。

2024 年 5 月 15 日
初版第 1 刷発行

発行人
後尾和男

制作
玄文社

編集
有限会社ペールワンズ
（『KAMINOGE』編集部）
〒 154-0011
東京都世田谷区上馬 1-33-3
KAMIUMA PLACE 106

WRITE AND WRITE
井上崇宏
堀江ガンツ

編集協力
佐藤篤
小松伸太郎
村上陽子

デザイン
高梨仁史

表紙デザイン
井口弘史

カメラマン
タイコウクニヨシ
保高幸子
工藤悠平

編者
KAMINOGE 編集部

発行所
玄文社
［本社］
〒 107-0052
東京都港区高輪 4-8-11-306
［事業所］
東京都新宿区水道町 2-15
新灯ビル
TEL:03-5206-4010
FAX:03-5206-4011

印刷・製本
新灯印刷株式会社

本文用紙：OK アドニスラフ　W A/T 46.5kg

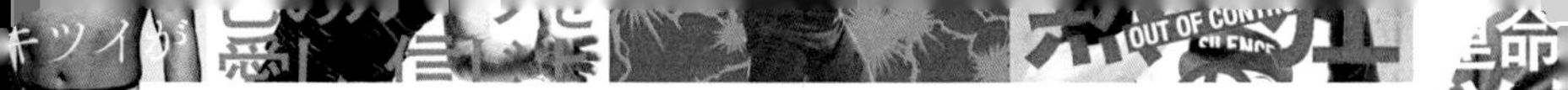

KAMINOGE vol.149

定期購読のご案内！

より早く、より便利に、そしてお得にみなさんのお手元に本書を届けるべく「定期購読」のお申し込みを受け付けております。

発売日より数日早く、税込送料無料でお安くお届けします。ぜひご利用ください。

●購読料は毎月 1,120 円（税込・送料無料）でお安くなっております。
●毎月５日前後予定の発売日よりも数日早くお届けします。
●お届けが途切れないよう自動継続システムになります。

お申し込み方法

※初回決済を 25 日までに、右の QR コードを読み込むか、「http://urx3.nu/WILK」にアクセスして決済してください。以後毎月自動決済を、初月に決済した日に繰り返し実行いたします。
【例】発売日が 6/5 の場合、決済締め切りは 5/25 になります。

※セキュリティ設定等によりメールが正しく届かないことがありますので、決済会社（@robotpayment.co.jp）からのメールが受信できるように設定をしてください。

※毎月 25 日に決済の確認が取れている方から順次発送させていただきます。（26 日～ 28 日出荷）

※カードのエラーなどにより、毎月 25 日までに決済確認の取れない月は発送されません。カード会社へご確認ください。

未配達、発送先変更などについて

※ホームページのお問い合わせより「タイトル」「お名前」「決済番号（決済時のメールに記載）」を明記の上、送信をお願いします。
返信はメールで差し上げておりますため、最新のメールアドレスをご登録いただきますようお願いします。

また、セキュリティ設定等によりメールが正しく届かないことがありますので、「@genbun-sha.co.jp」からのメールが受信できるように設定をしてください。

株式会社　玄文社
［本社］　〒 108-0074　東京都港区高輪 4-8-11-306
［事業所］東京都新宿区水道町 2-15 新灯ビル 3F
TEL 03-5206-4010　FAX03-5206-4011
http://genbun-sha.co.jp　info@genbun-sha.co.jp

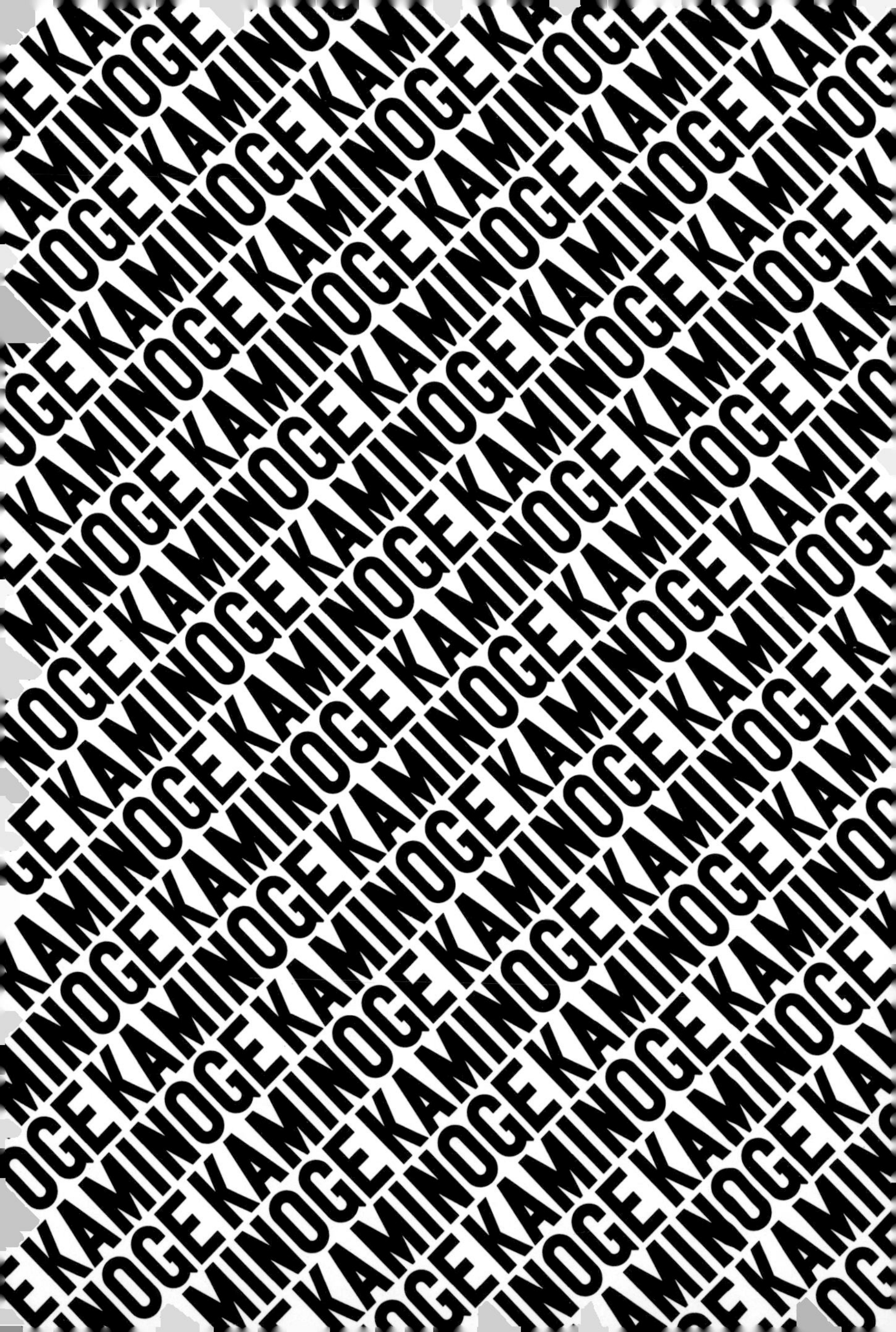
KAMINOGE